U0570128

中华传统文化
经典研习系列

韩兆琦 ◆ 著

史记
应该这样读

中华书局

图书在版编目（CIP）数据

史记应该这样读 / 韩兆琦著 . — 北京 : 中华书局 , 2019.1
（2023.4重印）
（中华传统文化经典研习）
ISBN 978-7-101-13335-6

Ⅰ . 史… Ⅱ . 韩… Ⅲ . 阅读课—中学—教学参考资料
Ⅳ . G634.333

中国版本图书馆 CIP 数据核字（2018）第 144012 号

书　　　名　史记应该这样读
著　　　者　韩兆琦
丛 书 名　中华传统文化经典研习
责任编辑　吴　魏
责任印制　管　斌
出版发行　中华书局
　　　　　（北京市丰台区太平桥西里 38 号 100073）
　　　　　http://www.zhbc.com.cn
　　　　　E-mail: zhbc@zhbc.com.cn
印　　　刷　中煤（北京）印务有限公司
版　　　次　2019 年 1 月第 1 版
　　　　　2023 年 4 月第 2 次印刷
规　　　格　开本 / 880×1230 毫米　1/32
　　　　　印张 7½　插页 2　字数 126 千字
印　　　数　10001-13000 册
国际书号　ISBN 978-7-101-13335-6
定　　　价　22.00 元

前言

　　我系统读《史记》是从1959年冬在复旦大学读研究生时开始,我讲授《史记》作品是从1963年秋后,给北京师范大学本科生讲中国古代文学开始。当时伴随着读书讲课还写了一些"读史笔记",重要的题目有《鸿门宴项羽不杀刘邦》《周亚夫之死》等等,有兴趣的学生还曾借去传抄。我开设专题讲《史记》是从1978年冬,给"文化大革命"结束后第一届研究生讲课开始。讲课的同时写了几篇与《史记》有关的习作发表,如《司马迁的求实精神》《关于韩愈的〈伯夷颂〉》等。随着1980年秋后北京师范大学的本科生开设"《史记》研究课",并着手编写这门课的教材,期间我的《史记选注集说》《史记评议赏析》《史记通论》也相继出版,这门课遂成为北京师范大学中文系本科、硕士、函授班、分校、夜大、自学考试等各方面学生的常设课程,时间达二十多年之久。可以说,我这几十年来的教学活动与《史记》分不开,我这几十年来的主要学术研究也与讲授《史记》分不开。

我的习惯是站着讲课，站着讲课没法看讲稿，所以我在第一次讲述某个问题前通常是没有讲稿的，我只有讲课提纲与相应的引用资料。手里拿着一张简单明了的提纲，偶尔看一眼；遇到该引用原文的地方再拿起桌子上的原始资料读一段，这样讲课很自然。把讲课用的提纲与原始资料进一步加工成为详细的讲稿（也可说是文章）是不太困难的。但即使有了这些详细的讲稿还是不能就照原样去给下一次听课的学生照本宣科，还是要重新写新的讲课提纲，以便讲课使用；而旧讲稿（也许是单篇的，也许是成册的）则可以发给听课的学生做参考。这就是我几十年来滚动教学的基本模式。

这些有关《史记》教学的讲稿大概可以分为三大类：第一类是对于司马迁其人与《史记》其书的总体介绍与评论；第二类是对于《史记》单篇教学的讲稿，分析评述作品思想、艺术以及其他各种问题；第三部分是对于作者生平思想、艺术以及其他各种问题的专门探讨，如司马迁的生卒年，《史记》的版本，《史记》文字的校勘，《史记》中某些人物事件的考辩等等。

中华书局邀请我写一本给中学生讲《史记》的小书，于是我开始对几十年来的讲稿进行了筛选。从《史记评议赏析》《史记通论》《史记讲座》等著作中选用了一部分，首先选择保留了上面分类中的前两类内容，去掉了很难向中学生展开细讲的第三类内容；其次原来的书稿都是面向大学生及成人读者的，这次又针对有一定原著阅读基础的中学生的理解和认知，将讲过的题目重写或者大量修改了一部分。由于是给中学生讲《史记》，所以围绕中学生最关心和感兴趣的一些基本问题和专题，用中学同学们可以理解的语言，深入浅出的讲解《史记》的相关内容，尽量不停留在对原文、人物的简单了解，而是努力引导同学们认识《史记》的文化意蕴、文化影响，形成自己的知识体系，全面提升文化素养。也适合中学老师作为教学参考。

韩兆琦

2018 年 12 月 24 日

目录

第一讲

壮阔的胸襟　不屈的灵魂

时代、家世与生平

一、司马迁的时代

伟大的时代孕育伟大的人物，伟大的人物又催生了伟大的历史文化。台湾学者赖明德在《司马迁之学术思想》一书中指出："司马迁是我国继孔子之后，二千多年以来历史文化界最伟大的巨人。他那卓越的历史观点，丰富的人生体验，深刻的社会见解，精湛的学术造诣，以及高度的文学修养，除了一部分得之于秉赋以外，大部分都和他所生长的时代与社会有不可割断的密切关系。"司马迁的活动生涯大致和汉武帝相始终，所以赖明德认为，司马迁那渊博的学识，丰富的阅历，豪放的风格，和大汉帝国的磅礴气势是息息相关的。繁荣的经济和壮盛的国威，孕育了司马迁那种海阔天空的浪漫精神和雄伟气魄；学术文化从多元趋于单一，使司马迁深深感受到了多元文化的可贵和思想自由的难求；森严的法纪，使司马迁感受到被蹂躏的人性是多么可怜。那是一个风云际会的时代，也是一个激发智慧的时代。司马迁的一生便是在这样的时代和社会中成长，《史记》一书也是在这样的时代和社会中写成的。因此，要正确了解和评价司马迁和他的《史记》，必须先了解司马迁所生活的时代。

司马迁生活在汉武帝时期，这个时代是我国封建历史上的一个强盛时代，一个气势宏大、蓬勃发展的时代。在经济上，由于秦末连年战争，生产受到严重的破坏，大批农民破产流亡，社会经济凋敝不堪，出现了"自天子不能具钧驷，而将相或乘牛车，齐民无藏盖"的上下普遍穷困的状况。但刘邦在建立汉朝后，实行"与民休息"的政策，注意稳定社会秩序，积极恢复和发展生产，经过惠帝、文帝、景帝的相继努力，使社会经济日趋繁荣。到了武帝初年，经济的繁荣程度已经远远超过了刘邦刚刚建国的时代。司马迁概括这时的经济形势说："非遇水旱之灾，民则人给家足，都鄙廪庾皆满，而府库余货财。京师之钱累巨万，贯朽而不可校。太仓之粟陈陈相因，充溢露积于外，至腐败不可食。众庶街巷有马，阡陌之间成群，而乘字牝者傧而不得聚会。"（《史记·平准书》）经济的繁荣不仅促进了西汉政权的巩固，而且促进了学术文化的繁荣和发展，这为司马迁撰写《史记》奠定了坚实的物质文化基础。

在政治上，汉武帝采取了一系列削弱同姓诸侯王的措施，使专制主义中央集权不断加强，西汉王朝在政治上达到极盛。封建专制主义中央集权的统一帝国创立于秦始皇，但只昙花一现，就被农民起义推翻了。汉高祖刘邦重建帝国，在断然消灭了异姓诸侯王的同时，又接受"秦孤立而亡"的教训，大量分封同姓子弟为王，想借此达到藩屏汉室、巩固统治的目的。可是事与愿违，由于这些同姓诸侯王的辖地很广，又可以自置御史大夫以下的官吏，可以自征税赋，自铸货币，自己管理军队，处于一种半独立状态，所以形成了一种干弱枝强的局面。随着经济的恢复和发展，一些大诸侯王国的势力迅速膨胀，对中央政权的威胁也日益严重，终于在景帝时酿成了吴楚七国之乱。七国之乱平定后，朝廷改定制度，损黜王国官制及其职权，规定诸侯王只征收租税，不管政事，从此诸侯王强大难制的局面大为缓和，中央集权显著加强。元朔二年（前127），武帝又采纳主父偃的建议，允许诸侯王推"私恩"把国土分给子弟为列侯。按照汉制，侯国是隶属于郡的，地位相当于县，这事实上就把诸侯王的领地逐渐变成了朝廷直辖的区域。推恩令下后，王国纷纷请求分封子弟。一些大的王国很快就变成了众多的小侯国，再也没有力量与中央政权相对抗了，西汉王朝终于达到了空前的统一。

在削平诸侯王割据势力的同时，各种政治制度、等级制度也逐步建立和完善起来，专制主义中央集权大大加强。在此基础上，汉武帝凭借汉初数十年积累起来的财富，在他在位的五十多年中，充分发挥其雄才大略，不但对内多有建树，而且对外连年用兵，伐匈奴，征闽越，通西南夷，征朝鲜，伐大宛，大大扩展了西汉王朝的版图。这为司马迁写作《史记》时，能把视野扩大到大宛、朝鲜、匈奴、西南夷等边远地区，首创国内各民族地位平等，树立我国作为一个统一多民族国家的思想，提供了客观条件。同时，统一的国家，辽阔的疆域，四通八达的道路，使司马迁有可能畅行无阻地游历全国，考察地理形势，了解风俗民情，搜集遗闻轶事，而这一切对司马迁写作《史记》的帮助是巨大的。

　　西汉建国以来文化事业的开放和发展也为司马迁修史提供了充足的文献资料。因为自秦始皇焚书坑儒，以愚黔首，不准民间藏书和读书以来，古代文化濒于灭绝的境地。汉朝建立后，废除了"挟书律"，"大收篇籍，广开献书之路"。到了武帝时代，还"建藏书之策，置写书之官，下及诸子传说，皆充秘府"（《汉书·艺文志》）。于是"百年之间，天下遗闻古事，靡不毕集太史公"（《太史公自序》）。这是指文献资料的搜集情况而言。在著述方面，汉初以来，"萧何次律令，韩信申军法，张苍为章程，叔孙通定礼仪"；到了武帝初年，淮南王刘安又召集门下学者编写了一部"观天地之象，通古今之事"的《淮南子》，开始了以道家思想为指导的学术工作；接着董仲舒又以儒家思想为基础，兼采阴阳、道、法诸家以治《公羊春秋》；接着司马谈又以道家为基础，全面地研究先秦诸子，写出了高屋建瓴、气象宏大的《论六家要旨》。这些都标志着一个对先秦文化进行全面研究、系统总结的时代到来了。司马迁写作《史记》，就是在当时对学术进行综合、总结的氛围下进行的。而汉王朝的统治者也需要一部巨大的历史著作来记录从古到今社会发展的全貌，并总结历史的经验，为当时的社会发展做借鉴，以达到补敝起废的目的。司马迁正是适应着时代的需要，自觉地担负起了这一光荣而又艰巨的任务。《史记》的产生，是历史发展的要求。

在西汉，除了学术文化繁荣发展外，文学方面也取得了丰硕成果。尤其是政论文和辞赋的成就，对《史记》的写作产生了深刻影响。西汉前期的各家政论文有一个显著的特色，就是重视总结国家兴亡的教训，从而为巩固新兴的汉王朝的统治服务，这也是《史记》一书所要表述的重要内容。在《史记》中，司马迁经常以秦喻汉，告诫统治者不要重蹈秦王朝灭亡的覆辙，《史记》在某种意义上也是为维护汉王朝长治久安而作的一部"治安策"。又如，当时的政论家如贾谊、晁错等人，都对陈涉、吴广农民起义表示肯定，司马迁更是把这次秦末农民大起义和汤伐桀、武王伐纣的战争等量齐观，和孔子写《春秋》成"素王之业""为一代立法"相提并论，这除了他本身的识见外，也是受了贾谊等人的影响，所以他把贾谊的《过秦论》直接收在《陈涉世家》后面作为该篇的论赞。从文章风格说，汉初的散文上继战国散文放言无忌的特点，疏直激切，畅所欲言，而《史记》显然也有这种特点。《史记》以"实录"著称，司马迁对社会问题的揭露非常深刻尖锐，对封建帝王的批判也毫无顾忌，书中洋溢着作者匡时救弊的热忱和"不虚美，不隐恶"的精神。汉初散文有时为了讲究文章的气势而常常忽略细节的真实，不少地方甚至有意夸张，这种例子在《史记》中比比皆是，而《史记》文章之所以精彩动人，也正和文章的这种讲气势、重感情密切相关。

从西汉前期开始，辞赋的发展已经进入黄金时代，当时的散文普遍受到辞赋的影响。司马迁擅长写赋，本身也是一位辞赋家，所以《史记》中的一些文章也具有辞赋的特色。在语言上，它韵散结合，句式长短相间，音节和谐，抑扬有致，而且重铺叙，多排比，议论风发，气势磅礴。我们认为，《史记》之所以文采照人，和作者注意吸收、借鉴汉代散文、辞赋的表现手法及其语言艺术是有一定关系的。

以上说的都是汉帝国建立以来的积极向上、蓬勃发展的一面，是影响司马迁积极豪迈、豁达宏伟的世界观和人生观形成的关键性因素。但是，随着汉帝国经济、政治、军事等各方面形势的发展变化，随着统治者物质与精神的掠夺欲望的膨胀，一些为维护统治者专制，为禁锢全国人民思想的严厉措施出台了，其最明显的标志就是汉武帝所大力推行的

"罢黜百家，独尊儒术"。按照董仲舒的主张，"诸不在六艺之科孔子之术者，皆绝其道，勿使并进；邪辟之说灭息，然后统纪可一而法度可明，民知所从矣"（《汉书·董仲舒传》）。他们表面上说是尊"儒"，其实这种"儒"既不代表孔丘，也不代表孟轲，而是汉武帝专制统治下的一种特有产物，是熔铸先秦各家统治术于一炉的专门为汉武帝的专制政治作粉饰和辩护的东西。"儒"家的思想禁锢是其表，法家的严刑酷法是其里，外儒内法，或者叫儒学加酷吏，是汉武帝尤其是汉武帝后期政治的最本质的特征。这种政治与汉武帝的对外发动战争、对内残酷掠夺相辅相承，恶性循环，愈演愈烈，直到民生凋敝，四海动摇，把整个国家推到了崩溃的边缘。司马迁就正好是生活在这个由强到弱、由盛到衰、由宽到严、由开放到封闭、由兴旺到腐朽的转折时期。司马迁的思想之所以如此激烈，《史记》之所以有如此深刻尖锐的批判性，是和汉武帝政治的这个特定方面，以及它的严重后果密不可分的。

二、司马迁的家世

关于司马迁的家世，历史材料很少，仅见的是他在《太史公自序》中的一段追述，他说：

昔在颛顼，命南正重以司天，北正黎以司地。唐虞之际，绍重、黎之后，使复典之，至于夏、商，故重黎氏世序天地。其在周，程伯休甫其后也。当周宣王时，失其守而为司马氏。司马氏世典周史。惠、襄之间，司马氏去周适晋。晋中军随会奔秦，而司马氏入少梁。

自司马氏去周适晋，分散，或在卫，或在赵，或在秦。其在卫者，相中山；在赵者，以传剑论显，蒯聩其后也；在秦者名错，与张仪争论，于是惠王使错将伐蜀，遂拔，因而守之。错孙靳，事武安君白起。而少梁更名曰夏阳。靳与武安君坑赵长平军，还而与之俱赐死杜邮，葬于华池。靳孙昌，昌为秦主铁官，当始皇之时。蒯聩玄孙卬为武信君将而徇朝歌。诸侯之相王，王卬于殷。汉之伐楚，卬归汉，以其地为河内郡。昌生无泽，无泽为汉市长。无泽生喜，喜为五大夫，卒，皆葬高门。喜生谈，谈为太史公。

在这段叙述中，有几个问题值得重视。

第一，司马迁把自己的祖先远溯到传说中的颛顼时代，他说他们家是从重、黎时代传下来的，他以自己出身在这样一个具有悠久传统的世代史官家庭而自豪。因为他家在颛顼以及夏、商、西周时代曾世世代代为史官，到其父司马谈时又恢复了家族的史官传承，所以司马谈、司马迁父子也都非常乐意在新的历史条件下继续从事这个职业，而怕这种传统在他们手里中断。同时，这种悠久的史官家世，还为司马迁积累了丰富的修史知识和经验，培养了司马迁优良的史学品德。这种优良的品德突出表现在两个方面：一是能够以修史为己任，在汉武帝时代义不容辞地自觉承担起述史的任务；二是继承了古代史官秉笔直书的优良传统，那种"威武不能屈"的敢于同强权作斗争的反抗精神，以及宁死也要直书的强烈正义感。司马迁惨遭酷刑后，还能"隐忍苟活"，发愤著书，就与此密切相关。

第二，在司马迁的祖先中，司马错等人作为司马氏家族中杰出的军事人才，对司马迁掌握军事知识及其战争观的形成，具有一定影响。张大可在论述司马迁战争观形成的历史条件时，分析了这个问题，他说："司马氏祖先源远流长，有着两大光荣的祖德传统，即或为文臣世典周史，或为武将建立功名。司马迁的直系祖先是秦国的司马氏，八世祖司马错是秦国的著名大将，与白起同时，年龄稍长。在秦国发展史上，司马错和白起是两个显赫人物，一前一后建立了不朽的功业。司马错和白起从未打过败仗。胜则进取，不胜绝不盲目行动，具有唯物的求实精神和抗强梁的品德。这种思想和品德在其子子孙孙口耳相传和身行言教之中遗传下来，这就是司马迁兵学思想的家学渊源。司马谈临终，拉着司马迁的手垂泣而教，要他以孝子的名义发誓效法周公以发扬祖德、光耀先人。司马氏世典周史和治兵置阵的兵学，就这样在《史记》中得到了发扬光大。"（《司马迁的战争观》，见刘乃和主编《司马迁和史记》）这个分析，是有道理的。

第三，在司马迁的先人中，还出现了两位经济方面的人才，一是他的四世祖司马昌，在秦始皇时做过管铁矿的官；二是他的三世祖司马无泽，在汉代做过管理长安集市的市长。这是一个值得注意的现象。现在有关司马昌和司马无泽的详细情况已经不得而知，但是他们既然能在当时做经济官，那么他们自然具备管理经济的专业知识，这是毫无疑问的。而他们离司马迁都不算太远，在一个很重视家学渊源的家庭里，他的祖先从事经济工作的经验及知识，肯定会不同程度地被留传下来。司马迁熟悉各地的物产和市场行情，具有较好的经济头脑，他是第一个在历史著作中写入经济问题的人，而且尤为难能可贵的是他一反秦朝以来抑制、贬低私人工商业者的态度，充分赞扬他们的卓越才能及为国家社会做出的贡献，为他们树碑立传，这些都是那个时代独一无二的，我们认为这和他从小受到的家教有关。在研究司马迁的经济思想时，应该结合历史背景充分考虑到这一点。

司马迁的家世久远而简略，对他一生影响最大的，是他的父亲司马谈。

司马谈生年未详，卒于元封元年（前110）。他是汉武帝时的太史令，仕于建元、元封之间。太史令的级别并不高，但司马谈很珍惜这一职务，把它视为自上古以来的世传祖业，并决心坚守这个职业。他经常用"世典周史"这一光荣家谱来教育司马迁，让他肩负历史的使命，成长为一个自觉的历史家。为此，司马谈对司马迁从小就进行了严格的训练，在司马谈的督促和培育下，司马迁十岁时就能诵读《左传》《国语》《世本》等古代史籍，后又向今文学派大师董仲舒学习《公羊春秋》，向古文学派大师孔安国学习《尚书》，而掌握了丰富的历史知识。至于司马迁的壮年漫游，也是司马谈为司马迁以后写史作准备的一次精心安排，和简单的游山玩水有本质的不同。

司马谈是个学问渊博、知识丰富的人，他的这些知识，可以说全部都传授给了司马迁，使司马迁成了融贯古今、兼通百家的大学者。司马谈对先秦诸子素有研究，写了著名的学术论文《论六家要旨》，他认为战国时代的学术思想最主要的是阴阳、儒、墨、名、法、道德六大家，他比较公正地评论了各家的优劣长短，而竭力肯定了道德家的学说。《史记》中的许多评论常常流露出对黄老思想的推崇，就是司马迁受其父影响的结果。司马迁撰写《史记》，包容百科知识，"厥协六经异传，整齐百家杂语"，得益于司马谈的方略教导是不言而喻的。为了继《春秋》以后编纂一部新的历史，司马谈做了大量的准备工作。他搜集材料，拟订体例，还草成了一些篇章，临终前又遗命司马迁，鼓励他以孔子作《春秋》的精神，完成自己未竟的事业。《史记》是司马谈、司马迁父子两代人心血的结晶，司马谈的遗嘱，成了司马迁著述的动力之一，《史记》的最终写成，也是司马迁完成父命、怀念父亲的一种表现。

三、司马迁的生平

司马迁，字子长，左冯翊夏阳人，生于汉景帝中元五年（前145）。司马迁的少年时代是在他的家乡夏阳度过的，那里有滔滔滚滚的黄河，有被大禹疏凿过的龙门山，地势壮阔而神奇，给幼小的司马迁以精神气质上的陶冶。长大后，司马迁又实实在在地参加过耕种牧畜等农业劳动。司马迁在二十岁以前，基本上都是生活在当时西河那个文物之邦的故乡。在这段时间里，司马迁除了跟着孔安国学过用古文字（大篆）写的先秦典籍外，还跟着董仲舒学过用当时的文字（隶书）写的《公羊春秋》。二十岁以后，他离开家乡到各地考察游历，前后十几年，周游的地域非常广。向南他到过今湖南、浙江；向东到过今山东的曲阜，以及今安徽、河南的许多地方。关于这段生活，他在《太史公自序》中是这样说的：

二十而南游江、淮，上会稽，探禹穴，窥九疑，浮于沅、湘；北涉汶、泗，讲业齐、鲁之都，观孔子之遗风，乡射邹、峄；厄困鄱、薛、彭城，过梁、楚以归。

这是一次饱览祖国河山，访寻文化遗迹，收集历史资料，向社会和劳动人民进行调查和深入学习的过程。这个过程对于司马迁眼界的开拓、知识的积累，以及他进步历史观的形成，都有着极其巨大而深远的影响。回到长安后不久，司马迁便入仕做了郎中。郎中是皇帝的侍从人员，由于当时正是西汉王朝最兴盛的时期，又正值武帝盛年，所以巡行、祭祀之类的活动很多，因此司马迁曾扈从武帝到过许多地方。元鼎六年（前111），武帝平定西南夷，在今天的四川南部和贵州、云南一带新设了五个郡。司马迁曾接受武帝的派遣，到那些地方去进行视察，这次他到了邛、笮、昆明等地，这是他的第二次大游历。这些经历，都为他提供了了解各地的风土人情，搜集遗闻旧事，考察山川地理的大好机会。

就在司马迁这次出使归来的时候，其父司马谈已经病危。司马迁匆匆赶到周南（今河南洛阳一带），见到了生命垂危的父亲。司马谈临终前再三嘱咐他一定要写好《史记》。这是司马迁一生中的一个重要转折点，从此他便更加有目的地搜集资料，为写《史记》做准备工作。这一年是武帝元封元年（前110），司马迁三十六岁。

　　但是，父亲死后，司马迁却未能立即开始写作《史记》。这以后的几年中，他主要是忙于"从巡祭天地诸神名山川而封禅焉"。他跟着汉武帝先后到过泰山和长城内外的许多地方。元封三年（前108），司马迁做了太史令，从此他得以"䌷史记、石室金匮之书"，可以充分利用朝廷收藏的这些图书和档案资料了。可是，这时还有一件事情急着要他做，就是修改历法，这个工作又用了三年的时间，一直到太初元年（前104），新历法才修订完成并开始使用。在这万象更新的日子里，司马迁正式开始了他著述《史记》的浩繁工作，这年他四十二岁。

　　这时的汉帝国还在积极对外用兵。在此以前，卫青、霍去病曾多次远征匈奴；路博德等平定了南越、东越，胜利是可观的，但那种劳民伤财也是不可计量的。司马迁对此都有自己的看法。到天汉二年（前99），已经埋头写《史记》六年的司马迁忽然大祸临头了。事情是这样的：这年的五月，贰师将军李广利出兵伐匈奴，与右贤王战于天山。武帝召李陵为李广利"将辎重"。李陵不肯，自请独当一面。经再三请求，武帝同意让他率领五千步卒从居延出发北行，以分匈奴兵势。结果，这支小部队恰好遇上了匈奴的大军，李陵与部下虽奋勇战斗，终因没有后援，寡不敌众而失败，李陵也被匈奴俘虏。消息传来，那些平日交口赞誉李陵的人一反故态，纷纷落井下石，"媒糵其短"。司马迁深感不平，当武帝问他对此事的看法时，他便陈述了李陵的平时为人和他这次孤军奋战的功劳，认为不应过分责备。这使汉武帝勃然大怒，他认为司马迁这是转弯抹角地说贰师将军李广利的坏话，而且还像是有意地在攻击自己，于是便把司马迁下了监狱，并于次年（前98）将他处以腐刑。关于这件事，司马迁在《报任少卿书》中有详细记述。

受宫刑对司马迁是一种极大的打击，他在极度痛苦中，也曾想到过"引决自裁"，但是为了完成他那尚未完成的不朽著作，他忍辱负重地顽强活了下来。出狱之后，他做了中书令。这是一个为皇帝掌管文书、起草诏令的官职。他之所以要接受这个职务，仍是为了不离开他所需要的国家图书馆里的这些图书资料，为了能继续完成他的伟大著作。就这样忍辱发愤地过了八年，到征和二年（前91），他的朋友任安因戾太子事下狱，在狱中给他写信，司马迁因此写了著名的《报任少卿书》。从信上看，此时《史记》已经基本完成了。关于司马迁的卒年，史无详载，说法也不统一。我们认为，他大约死于征和三年（前90），也就是写完《报任少卿书》后不久。

关于司马迁为什么要著《史记》的问题，他在《报任少卿书》中是这样说的：

仆窃不逊，近自托于无能之辞，网罗天下放失旧闻，略考其行事，综其终始，稽其成败兴坏之纪，上记轩辕，下至于兹，为十表、本纪十二、书八章、世家三十、列传七十、凡百三十篇。亦欲以究天人之际，通古今之变，成一家之言。

这就是说，《史记》是通过记载和考察上起黄帝下至汉武帝三千余年的历史，来研究天地自然与人类社会的关系，总结历代成功、兴盛的经验和衰败、灭亡的教训，探讨历史发展的规律，而且还要提出作者自己的社会理想，以及改良现实政治的某些主张。司马迁之所以能够提出这样的目标，是与他所处的时代分不开的。自孔子以后，天下大乱，战争频仍，秦始皇虽然完成了统一中国的大业，但很快就被农民起义军推翻了。西汉建国以来，最主要的任务是恢复和发展生产，总结秦朝灭亡的教训，采取各项措施巩固统治。到了武帝时期，汉王朝进入了鼎盛，同时又由盛而转衰，政治的统一、经济的繁荣、文化事业的兴盛，以及随之而来的对外战争、民生凋敝、经济崩溃、思想禁锢，都为《史记》的写作提供了丰富的素材。司马迁要全面系统地总结历史经验，来为当时的统治者作借鉴，这也是时代的需要。

司马迁的著作，除《史记》和《报任少卿书》外，还有《悲士不遇赋》一篇、《素王妙论》轶文一段，其他都已散失了。

受宫刑忍辱著书

司马迁为太史令，开始书写《史记》六年后，突然发生了一件大事，就是司马迁因替李陵说话而受宫刑，这件事的前后过程，详见于《报任少卿书》。一来由于这篇文章本身不是很好读，再加上生活在不同历史时代的读者立场观点不同，所以围绕司马迁受宫刑的一系列问题，也就有了不同的看法与评价。现根据我的认识谈几点意见。

一、司马迁为何替李陵说话

据《报任少卿书》说：

> 陵未没时，使有来报，汉公卿王侯皆奉觞上寿。后数日，陵败书闻，主上为之食不甘味，听朝不怡，大臣忧惧，不知所出。仆窃不自料其卑贱，见主上惨怆怛悼，诚欲效其款款之愚。以为李陵素与士大

夫绝甘分少，能得人死力，虽古之名将，不能过也。身虽陷败，彼观其意，且欲得其当而报于汉；事已无可奈何，其所摧败，功亦足以暴于天下矣。仆怀欲陈之而未有路，适会召问，即以此指推言陵之功，欲以广主上之意，塞睚眦之辞。

这段话有四层意思：其一，他认为李陵平时为人不错，"虽古之名将，不能过也"。其二，他认为李陵此战虽败，"功亦足以暴于天下"。其三，他认为李陵目下之降，有可能是思图后效，"欲得其当而报于汉"。其四，他说自己这次说话是由于看着皇上太难过，想安慰一下皇上；同时又是因为看不惯满朝文武的见风使舵，想要堵上那群想要落井下石的小人的嘴。而且即使如此他还不是自己抢着要说，而是正好赶上皇帝点名让他说，他才说的。对这些我们应该分析一下：

其一，司马迁对李陵的评价大概是太高了，我们可以看一下《汉书·苏武传》：当苏武出使匈奴被扣留时，李陵先已投降。单于派李陵去劝降苏武，苏武不听，李陵说："终不得归汉，空自苦亡人之地，信义安所见乎？"又说："人生如朝露，何久自苦如此！"等到苏武熬过了漫长的十九年，终于要回国时，李陵又羡慕地说："今足下还归，扬名于匈奴，功显于汉室，虽古竹帛所载，丹青所画，何以过子卿！"

于是又作歌云："径万里兮度沙幕，为君将兮奋匈奴。路穷绝兮矢刃摧，士众灭兮名已隤。"如此等等，思想前后矛盾。他所想的就是"名"，至于"空自苦亡人之地，信义安所见"的事情，他是不干的。这里人们看到的李陵实在是一个令人遗憾的角色，根本上不像司马迁所说的那样好。

其二，李陵的战功显然是被司马迁过分地夸大了。据《汉书·李陵传》说，开始李陵遇到的敌人是"骑可三万"，后来单于又"召左右地兵八万余骑攻陵"。而《报任少卿书》是怎么说的呢？它说李陵是"仰亿万之师"，是把敌人打得"救死扶伤不给，旃裘之君长咸震怖，乃悉征其左右贤王，举引弓之人，一国共攻而围之"。请注意，李陵只有五千步兵，能把匈奴打成那个样子么？如果《汉书》还可以让人勉强相信的话，那么《报任少卿书》则是绝对不可信的，夸张得太不着边际了。

其三，司马迁说李陵眼下的投降有可能是"思图后效"，的确，《汉书·苏武传》中李陵也对苏武说过类似的话："陵虽驽怯，令汉且贳陵罪，全其老母，使得奋大辱之积志，庶几乎曹柯之盟，此陵宿昔之所不忘也。"可惜这话在司马迁当时只能是一种推测，说服力不强；而李陵说这话时，则已经是在他投降匈奴十八年以后了，颇有文过饰非之嫌。总之，这种初心是否真有，无从证明。

其四，司马迁很善于说话。司马迁写《报任少卿书》是在太始四年（前93，用王国维说），上距他受宫刑已过去五年了。他是带着一种浓厚的感情色彩在回忆过去的事情。他首先说："仆与李陵，俱居门下，素非能相善也。趣舍异路，未尝衔杯酒，接殷勤之余欢。"这就先把自己从私人感情中择了出来，说明自己当时为李陵说话完全是出于公心；接着他又夸说李陵的为人之好，军功之大，进一步证明自己为之说话的合情合理；接着又尽量说自己当时如何地不想说，是皇帝点名才说的；而且自己又完全是出于开慰皇帝的好意。这一切都是为了突出自己的无辜和自己受宫刑的委屈。这么说是不是表明司马迁不太实在呢？大直小曲，一个人在极端愤怒的情况下诉说自己倒霉的过程，有时有点言过其实，我想也是人之常情吧！

二、汉武帝为何如此动怒

评说一个人的功过，即使有些不准确，又有什么了不起，何至于大发雷霆，处人以"极刑"呢？但事情的确就这样发生了。据《报任少卿书》说，当司马迁出于对皇帝的同情和极大的公心发表了上述看法后，"未能尽明，明主不晓，以为仆沮贰师，而为李陵游说，遂下于理。拳拳之忠，终不能自列，因为诬上，卒从吏议"。其罪名有两条：一条是"沮贰师"，另一条是"诬上"。所谓"沮贰师"，就是诽谤、诋毁贰师将军李广利。李广利是这次讨伐匈奴的主力，他带着三万人从酒泉出发，北伐匈奴；李陵带着五千步兵，从居延（在今内蒙古的额济纳旗）出发北伐匈奴。李广利在这次作战中，俘杀敌人万余，自己损失两万，付出的牺牲为二比一；李陵在这次作战失败后，逃回来四百余人，损失数为四千六百，而杀敌累计也在万余人，取得的战果为一比二。以战绩而论，是李广利的四倍。从这个角度看，司马迁说李陵的"摧败功亦可以暴于天下"，说他"虽古之名将不能过也"，也实在不能算过分。但问题是司马迁一味地称说李陵的实际战功，这就在客观上明显地贬低了李广利，更何况李陵毕竟是兵败投降了，其"丧师辱国"的事实在明处，无所藏掩。真正打损仗的是李广利，但他毕竟"胜利"而归，他的"丧师辱国"在暗处，可以用"胜利"作掩盖。而汉武帝又是一个好大喜功，是个只要"胜利"而不计算牺牲多少士卒、付出多少代价的人，于是这"沮贰师"的罪名便这样成立了。既然李陵如此忠勇，既然他孤军战斗得如此艰苦，甚至连他的兵败投降也不应该受到指责，那么究竟应该由谁来负李陵这次失败的责任呢？问题自然就转到朝廷方面来了，这就是"诬上"。抛开李陵兵败投降的个人行为，应该说，司马迁的这种"沮贰师"与"诬上"，都是有理由的、正确的。

汉武帝的发怒，也许还有着更早的原因，这就是司马迁所写的《史记》。《史记》中有许多进步的观点，有一种"不虚美、不隐恶"，敢于坚持真理，秉笔直书的精神，这些都是不能被汉武帝及其所宠用的将相们所容的。据史书记载：

> 司马迁作《景帝本纪》，极言其短，及武帝过，武帝怒而削去之。后坐举李陵，陵降匈奴，故下迁蚕室。

总之，汉武帝这次对司马迁的动怒，是一种新旧矛盾的总爆发。

话又说回来，汉武帝既然如此怒不可遏地处置了司马迁，为什么又要任用他为中书令呢？中书令任职于宫中，它虽然不像班固所说的那么"尊宠任职"，但也绝不像司马迁所说的那样是"为扫除之吏"。他为皇帝掌管文书、起草诏书，品级不高，但位置还是相当重要的。汉武帝为什么要把一个受过处置的人放在身边，难道他就不怕出什么事吗？分析起来大概原因有四：一、强大的封建帝国，正处在极盛时期，统治巩固，不怕一个小文人造反。二、司马迁两世为史官，具有一定名声，处以严刑，警告他要老实点；再示优遇，正可以显示雄主的博大胸怀。三、司马迁富有才华，可供驱使，受过宫刑，正合出入宫苑，两者兼备的人正自难找。四、将司马迁放在身边，便于监督考察。这恐怕是汉武帝为其他一切孱弱皇帝所永远不可企及的一种"雄才大略"吧！

三、司马迁自请受宫刑

司马迁的罪名是"沮贰师"与"诬上","沮贰师"罪不轻，但总不至死；而"诬上"（诬蔑皇上）则是"大不敬"，就只有死路一条了。我认为，司马迁开始被判的是死刑，后来是经过他自己的请求才改为宫刑的。

大概正因为受宫刑是司马迁自己请求或是用钱赎来的，所以这件事在当时很为社会舆论所不齿。例如桑弘羊就曾说过："今无行之人，贪利以陷其身，蒙戮辱而捐礼义，恒于苟生。何者？一日下蚕室，疮未瘳，宿卫人主，出入宫殿由得（按：当为"得由"）受俸禄，食大官享赐，身以尊荣，妻子获其饶。"（《盐铁论·周秦》）这大概就是指司马迁。不仅桑弘羊，很可能任安在给司马迁的信中也触及了这个问题，说了些什么应该"不辱"呀、应该"守节"呀的话，表现了他对司马迁的误解。所以司马迁在《报任少卿书》中才用了那么大的篇幅引古说今、比物连类地反复讲这个辱与不辱的问题。

附带再说明一点，最早的宫刑，可能是用于惩办"淫乱"罪的，《汉书》颜师古注："宫，淫刑，男子腐势，妇人幽闭。"但到后来，尤其是到了汉代，就只是作为一种惩罚等级，而与犯什么罪没有关系了。至于汉景帝与汉武帝为什么允许死刑犯人改为宫刑，大概不是因为他们心善好生，或者是缺少那点钱用，而是随着汉帝国的逐渐强大，皇家的离宫别殿、宗庙园陵日渐其多，而这些地方是需要大量太监的，改死刑为宫刑正是一个获得太监的来源。司马迁受过宫刑之后，立即当了中书令，到皇帝的"阉茸"之中去当"扫除之吏"，正是一个很好的说明。

四、忍辱著书动力的来源

受宫刑对司马迁来说是一种难以忍受的侮辱，是对司马迁精神和肉体无以复加的折磨与摧残。他在《报任少卿书》中说：

> 仆以口语遇此祸，重为乡党所笑，以污辱先人，亦何面目复上父母丘墓乎？虽累百世，垢弥甚耳！是以肠一日而九回，居则忽忽若有所亡，出则不知其所往。每念斯耻，汗未尝不发背沾衣也。

但是，他终于硬挺着活下来了。他是从哪里来的这种动力呢？他说："所以隐忍苟活，幽于粪土之中而不辞者，恨私心有所不尽，鄙陋没世而文彩不表于后世也。"如果不联系其他资料进行全面的分析，便会很容易片面地理解为这是为了他个人的立身扬名，但这显然是太表面了。司马迁是个有血性的人，他赞成那种有作为、有骨气的汉子，而瞧不起那种浑浑噩噩、庸庸碌碌的人物。《陈涉世家》中有："今亡亦死，举大计亦死，等死，死国可乎？"《廉颇蔺相如列传》有："方蔺相如引璧睨柱，及叱秦王左右，势不过诛，然士或怯懦而不敢发。相如一奋其气，威信敌国，退而让颇，名重太山，其处智勇，可谓兼之矣。"在这种生死问题的抉择上，司马迁是有其理论的："或重于太山，或轻于鸿毛，用之所趋异也。"陈涉、蔺相如这样的抉择，即使自己死了也是光彩的、有价值的。至于韩信受辱于恶少年，伍子胥面对楚王的缉吏，则不宜斗殴致死或束手就擒，因为那样的死轻如鸿毛。大丈夫抱有命世之才，自当暂忍一时之困辱，以图后日之功效。"向令伍子胥从奢俱死，何异蝼蚁。弃小义，雪大耻，名垂于后世，……非烈丈夫孰能至此哉？"（《伍子胥列传》）他是用这个尺度来衡量古人的，也是用这个思想来指导自己的行动的。司马迁的这种生死观，无疑是推动他忍辱著书的巨大动力。这是其一。

同时，我们还要看到，司马迁对于自己事业的正义性是充满自信的。他不是政治家，不可能提出改革社会的方案，并使之付诸实行。他是个历史家，他只能通过写历史的方法，寓褒贬、别善恶，从《史记》中来显示自己的社会理想，显示自己对那些不同的历史事件和历史人物的爱憎。司马迁是维护封建制度的，但他对于大汉帝国那些黑暗面、那些非常腐朽的东西，是极力鞭挞的。他要用写历史的手段来达到自己改良社会、实现理想的目的。他的书受到了汉武帝的忌恨，人也遭到了汉王朝的摧残，在当时"交游莫救，左右亲近不为一言"，整个茫茫的天地间，他没有一个知音，没有一个同情者。但是他相信自己事业的正义性，而正义的事业终究是会胜利的。他的《史记》暂时或者在一个相当长的时间内，可能被摧抑、被禁止，但是他深信总有一天它将大行于人世，它将像日月一样地发出光华，像大山一样地高出于历代皇帝的陵墓之上。正是由于他对自己的事业有如此的自信，才促使他如此坚定地"述往事、思来者"，才使他如此急切地渴望着"藏之名山，传之其人"。如果一个人缺乏明确的理想，对自己所从事的事业没有坚定的信念，那他还会有什么行动的力量呢？这是其二。

　　司马迁的这种生死观和这种坚定信念的形成，原因也是多方面的。这里有父亲的临终嘱托，有古人困厄著书的榜样，也有他个人遭祸后的发愤，这些都是不可忽视的。受宫刑对司马迁的肉体和精神是一种莫大的摧残，但是对于司马迁思想的升华，却是一种莫大的促进。这个事件使他更加清楚地认识到统治者的凶残，使他更加看透了那种趋炎附势、蝇营狗苟的仕途官场的恶浊，这就让他的眼睛更加向下，从而看到了下层人民的精神和力量，也更加增强了他与黑暗邪恶势力进行抗争的毅力和决心。这是主观方面的原因。同时，我们还应该看到当时的时代因素对司马迁的影响。当时的大汉帝国尽管有它腐朽黑暗的一面，但它毕竟是强大的。开国以来，政治、经济、文化、军事各方面都取得了辉煌的成就。在这种局面下，"获符瑞，封禅，改正朔，易服色，受命于穆清，泽流罔极，海外殊俗，重译款塞，请来献见者，不可胜道"（《太史公自序》）。强大的国势给文人士大夫们展示了广阔的远景，使他们充满了建功立业的抱负与自信。这不是产生阮籍、刘伶那种酒徒的时代，也不是产生陶渊明那种隐士的时代。这时期的文人士大夫尽管在个人的仕途上遭到不幸，但它仍不可能抵消整个时代气氛对他们的积极影响。他们仍在充满信心地想为国家、为社会做一份自己应做的贡献。在这种情况下，司马迁以著述《史记》为己任，是很自然的。应当看到，这种时代因素既关系着司马迁思想信念的形成，又是直接呼唤司马迁忍辱含垢、发愤著书的最强音。

第二讲

史家之绝唱　无韵之离骚

史学之父的创举

梁启超在《中国历史研究法》中说："中国于各种学问中，惟史学为最发达；史学在世界各国中，惟中国为最发达。"这段话充分肯定了史学在中国传统文化中的地位。四部目录经、史、子、集，史部居第二位，充分显示了它的地位。中国古代史学大家，一般都具有宏大的历史视野，学兼天人，会通古今，并以高度自觉的精神，肩负修史的使命，认为史学有补于人伦道德与政治借鉴，强调以古为镜，经世致用，实录史事，这些都是中国史学的优良传统。

中国史学优良传统的创始人就是西汉创作《史记》的杰出史学家司马迁。《史记》的问世，对中国史学产生了巨大、深远的影响，司马迁对中国史学做出了卓越的贡献。司马迁对中国史学的贡献和影响，最主要的有以下四个方面。

一、奠定了中国史学的独立地位

中国史学的产生有着悠久的历史。早在殷商时代就有史官，但这种史官只是记载商王的言行，并负责占卜，类似宗教官员。周代继承这一传统，到春秋、战国时代，史籍产生，有所谓"左史记言，右史书事。事为《春秋》，言为《尚书》"的说法。即《尚书》是"左史记言"的典范著作，《春秋》是"右史书事"的典范著作。先秦史籍是后世多种史体的源头，其中有比较严格体例的是《春秋》家和《左传》家，代表的是编年体。中国古代史籍的三大体例为纪传、编年、纪事本末，最早产生的是编年体。

先秦史籍内容庞杂，文字疏简，记事粗略，史实中杂有神话、传说、寓言，又多有后人的增饰，真伪并存。而且先秦史籍，没有系统地、全面地、全方位地记载人类的社会活动。春秋时期，各国都有编年体式的史书，或称之为大事纲要，其中最著名的就是鲁国的《春秋》。而《左传》是最具有历史性的典籍，较为详细地记载了春秋二百四十余年的历史，《左传》有很高的成就，兼具系统性、真实性和文学性。

然则，先秦史籍大多反映了片段历史，没有独立成为史书，也没有独立的史家概念。殷商是中国史学的萌芽时期，春秋、战国、秦是中国史学的童年，这时的史籍只是经部的一个附属。

《史记》的问世，改变了这一状况。司马迁以"究天人之际，通古今之变，成一家之言"为宗旨，创作了上起黄帝、下迄汉武帝三千余年的通史，把历史撰述从一个狭小的天地引向了广阔的世界；而且以人为主体，建立了新的历史认识体系。

与先秦史籍比较，《史记》使中国史学从童年走向成熟。由于《史记》的影响，司马迁之后，史籍蓬勃发展；两汉以后，史籍独立成部，蔚为大观。

《史记》作为成熟史学的标志，有着独特的创造，其中突出的贡献有以下三个方面：

其一是自觉的历史使命。《史记》书成，司马迁题名为《太史公书》，即太史公所记之书。到东汉桓灵之际，《太史公书》才演变为《史记》之称。太史公，是司马迁对其父太史令司马谈的尊称。《太史公书》就是纪念司马谈发凡起例修撰《史记》的业绩。《史记·太史公自序》追述司马氏世系，源远流长，始祖为唐虞之世的重黎氏，职掌司天司地之职，司天即为史职。重黎氏之后，至于夏商，世序天地。到了周代，重黎氏后裔为司马氏，仍世典周史。惠襄之间，司马氏中衰，去周适晋，史职中绝。司马迁津津乐道，追述远祖，其深层寓意是强调司马氏为史官世家。汉武帝即位，司马谈出仕，职任太史令，他以祖先曾为史官而自豪。司马谈重振史官学，并以这一"光荣家谱"教导司马迁，希望他发扬祖德，确立修史之志。司马迁郑重地记载了远祖曾为史官的传说，也意味着他们父子修撰一部贯通古今的通史是义不容辞的责任和应当肩负的历史使命。《论六家要指》就是司马谈所作的述史宣言，倡导融合百家思想为一体，自成一家之言。这些就是《史记》的本始主题。

　　史学是什么？在司马迁时代，整个思想界还是一片朦胧的认识，司马迁本人也没有直接提出"史学"的概念。但是，在司马谈和司马迁的头脑中，早已孕育了一个完整、系统的史学思想体系，并且父子两代还身体力行。司马谈为此耗尽了一生，司马迁继承父志为太史令，继续修史。当《太初历》颁布之时，汉兴已历百年，国家出现了空前的统一，封禅改历，举国欢庆。这年司马迁四十二岁。他在激动之余，深感修史责任重大，岁月蹉跎，一种紧迫感也在催促他要奋力写作。这时，司马迁再次想到了父亲的遗言，他说："先人有言：'自周公卒五百岁而有孔子，孔子卒后至于今五百岁，有能绍明世，正《易传》，继《春秋》，本《诗》《书》《礼》《乐》之际？'意在斯乎！意在斯乎！小子何敢让焉。"先人，即指其父司马谈。司马谈认为周公卒后五百年而有孔子，孔子卒后至于今，应该有人继承孔子，宣扬清明盛世的教化，依据《诗》《书》《礼》《乐》来衡量一切。他发凡起例，但功业未就而与世长辞。如今这副担子落在了司马迁的肩上，司马迁要实现父亲的遗愿而不敢推辞。司马迁也耗尽了一生，最终完成了《史记》，并将《史记》的主题升华为"究天人之际，通古今之变，成一家之言"。"言"即议论、理想和主张。"成一家之言"，就是要独创一个思想体系，具有划时代的内容，能启迪后人，影响社会。"成一家之言"，是司马迁在历史学上的一个首创。这表明，司马迁作史，并不是历史资料的汇抄和史实的堆积，而是要阐明自己的思想和理想，这就把历史记述与历史研究融合起来，从而写出了具有理论体系的历史著作，也开创了史学研究的先河。司马迁的行为既为士大夫开辟了一条治史做学问的新路，同时也使史学研究从经学的附庸中脱离出来，引起了统治者的重视。

其二是司马迁第一次叙述了全社会、全方位的历史。《史记》一书体大思精。体大，指《史记》的五体形式；思精，指《史记》内容的全面性和系统性。《史记》体例完备，内容丰富，贯通古今。它上起黄帝，下迄太初，汇总古今典籍，"网罗天下放失旧闻"，成为一部百科全书式的中国古代通史，诸如经济、政治、文化、学术、民族、社会以及自然界的星象、历法、地理、水利等等，无所不备。除帝王将相之外，还记述了农民起义的领袖，如陈涉、吴广等，下层社会的侠客、医卜、商贾、俳优、博徒、渔夫、猎户、妇女等等，凡在人类活动中起过作用的人物都叙入史中。也就是说，司马迁创作《史记》，虽然以帝王将相为中心，但却扩大范围，描写了社会的各个阶层。司马迁不仅首创民族史传，记载周边各民族的历史发展，而且记载了国外民族，远及西亚，这是司马迁当时所理解的世界范围，使《史记》具有古代世界史的意义。《史记》内容如此丰富，正是因为五体结构体大思精，能容纳丰富的历史素材。

其三是独立史体的创立。《史记》由本纪、表、书、世家、列传五体构成，即前文所说的五体形式，它是司马迁创作的独立的新史体，既是编纂方法，也是史学研究的基本方法。五体分开来看又各自成为一个独立的系统，首尾完俱，贯通历史发展的线索，各有不同的侧面和重心。五体合起来看又是组织严密互相交融的一部著作，自成一家之言。这种新史体、新方法，以人为本位，得到了历代史家的认同。因此"百代而下，史官不能易其法，学者不能舍其书"（《通志·总序》），"自此例一定，历代作史者，遂不能出其范围，信史家之极则也"（《廿二史札记》卷一）。司马迁之后的继作者，有的五体不全，或缺表，或缺书，后世废封建，世家一体，自然消失。但各史纪传必备，故称纪传体。

由于纪传体以人为本位，帝王将相是人本位的中心，所以得到历代统治者的赞许。历代统治者设馆修撰纪传体史书，并颁令为正史。中国自《史记》以后，历代蝉联而下的纪传体正史积数有二十六种，四千零四十二卷，洋洋四千五百万言，按各史的朝代完整无缺地保存下来，故学术界有"全史"之称。记事起于黄帝,迄于清末,中华民族五千年文化发展的规模体制,毕于此编。历代封建王朝明令颁布的纪传体史书,迄《明史》止共二十四史,故"二十四史"成为学术界的一个专用名词。"二十四史"加上民国年间修成的《新元史》《清史稿》,共是二十六种。纪传体史书系列的形成,司马迁是有首创之功的。

二、规范了史学研究的对象和范围

《史记》把国家大政、社会生活、学术学问,即古今万物作为史学研究的对象,开创了百科全书式通史的模式。这种模式、格局成为后世史学研究的正宗,使两千余年的中国封建史学向着文化史、百科全书的模式发展。虽然《汉书》以下,均断代为史,与《史记》通史有所不同,然研究对象、范围基本上沿袭《史记》,而且根据社会生活的变化发展,不断发展史学研究的对象、范围。

《史记》中"礼""乐""律""历""天官""封禅""河渠""平准"八书,"循吏""儒林""酷吏""游侠""佞幸""滑稽""日者""龟策""货殖"诸传,及其他一些部分,分别论述了国家大政、社会生活、学术学问等,将政治史、军事史、经济史、思想文化史、科学技术史、社会风俗史等包罗无遗。

司马迁著《史记》，在史学研究对象上做出的最大贡献，是确立了人本位，以人为中心。《史记》的"本纪""世家""列传"，基本上是人传；"表"是人谱；"书"是人事、人传。此后历代修史都遵循人本位的"祖制"。

三、创立了史学研究的基本方法

司马迁写历史，尤其是写古代史，即五帝三王、夏商周、春秋战国这一段历史，今称之为先秦史。在司马迁以前，没有真正的可资借鉴的历史书，也没有史学研究的理论和方法。司马迁的《史记》第一次系统地整理了古代历史，并赋予了历史哲学的理论体系。司马迁自己称之为"厥协《六经》异传，整齐百家杂语"（《太史公自序》）。司马迁如何"厥协"与"整齐"历史文献，构建中国古代史，即司马迁编纂史书的基本方法，张大可先生认为大体有以下几方面：

其一是原始察终。"原始察终"，司马迁又称"综其终始""谨其终始""咸表终始"（《十二诸侯年表序》）。司马迁批评错误的历史观点和方法论，说"儒者断其义，驰说者骋其辞，不务综其终始"。司马迁又说"考之行事，稽其成败兴坏之理"（《报任少卿书》），即司马迁考察历史事变的始末，是围绕"治""乱"二字的。所谓"成败兴坏"，即"治乱兴衰"。系统地总结历史经验，借鉴历史教训，以求长治久安，这就是司马迁写历史、写通史的目的。从贯通的考察中，从终始的叙述中，探求事理和法则。《史记》十表，划分历史断限，表序做出理论交代。三千年的历史，司马迁将其划分为五个时期。

（一）《三代世表》，起黄帝，讫西周共和，统称五帝三王时期，表现积德累善得天下的王道时代。

（二）《十二诸侯年表》，起共和，讫孔子卒，即公元前841—公元前476年，表现王权衰落的霸政时代，也称为春秋时期。

（三）《六国年表》，起周元王元年，讫秦二世之灭，即公元前475—公元前207年，表现暴力征伐得天下的战国时代。

（四）《秦楚之际月表》，起陈涉发难，讫刘邦称帝，即公元前209—公元前202年，详著月表以表现"八年之间，天下三嬗"的剧烈变革时代，这是典型的原始察终，若无陈涉发难，哪来秦汉之变？没有陈涉发难，也无楚汉相争。

（五）汉兴以来诸表，分类条析，表现大一统的今世时代。

本纪、世家、列传，依年表所分历史断限，联络相关篇目，合并阅读，就可见这一历史时期的系统历史。五帝三王时期，相关的主要篇目为五帝、夏、殷、周四篇本纪。春秋时期，相关的主要篇目为《周本纪》共和以后的东周前期，春秋十二诸侯世家。战国时期，相关的主要篇目为《秦本纪》《秦始皇本纪》、韩赵魏齐诸世家，以及相关的战国人物列传。秦汉之际，相关主要篇目为《项羽本纪》《高祖本纪》《陈涉世家》，汉初功臣人物列传等。今世汉代，为司马迁所详写的现当代史，占全书过半篇目，此处不细列举。

每一个历史时期，司马迁均做了系统的整理，我们从《史记》中可以看到系统的三代历史，系统的春秋历史，系统的战国历史，详尽的秦汉变革历史，汉初的建国历史，合起来就是三千年的中国古代通史。如此完备的原始察终，结束了中国史学的童年，是司马迁奠定了中国历史学的基础，他被称为中国史学之父，当之无愧。

其二是见盛观衰。"原始察终，见盛观衰"，这八个字是不可分割的一个整体和方法论。司马迁用这八个字来看人类社会历史的发展，整个历史长河是一个不断兴衰发展的连续系列。"原始察终"，前已述及，就是追原其始，察究其终，一个历史事件，从哪里开始，到哪里结束，把握历史大势，就要把握历史的全过程来看它的原因、经过、发展和结果。"见盛观衰"，是把握与观察的一个方法，就是在兴旺的时候，要看到它转化的起点。这一方法的理论基础，就是承认历史是在不断地变化、发展。变，是历史的永恒主题。所以司马迁写历史，最高原则与目的就是"通古今之变"。这个命题是司马迁针对他的老师董仲舒宣扬的"天不变，道亦不变"而提出的。这表明司马迁是一个严肃的历史家，他考信历史的总原则是"考信于六艺，折衷于夫子"，但又不盲从。针对一些具体的问题，以及不同价值取舍的原则，又"不与圣人同是非"。例如孔子批评学生子贡经商，孔、孟不言利，司马迁却写《货殖列传》赞颂推动生产发展的商人活动，司马迁的义利观就不与圣人同是非。司马迁吸收董仲舒大一统的历史观，却反对他的"天不变，道亦不变"，而认识到历史之变，而且"变"是司马迁朴素唯物历史观的核心。他认为宇宙间一切事物都在"变"，只有用"变"的观点才能探究事物的规律。他说"无成势，无常形，故能究万物之情"（《太史公自序》）。

其三是详变略渐。"详变略渐"是把握古今的一个原则，它又是"详今略古"的一个特例。司马迁对古今关系，基本原则是详今略古，在详今略古的前提下，又"详变略渐"，即详变革之世而略升平之世。"详今略古"包括"详变略渐"，"详变略渐"不能代替"详今略古"，我们可以看作是两个原则，在"详变略渐"的题目下，一并讨论。《史记》述史三千年，共一百三十篇，百年汉史篇幅过半，有六十二个专篇，兼及十三篇，共七十五篇。而五帝三代近两千年，只有五帝、夏、殷、周四篇本纪，三代、十二诸侯两篇年表，共六篇。"详今略古"还贯穿在每一个历史时期中。为何"详今略古"？主要有两大原因：一是愈古史料愈少，巧妇难为无米之炊；二是"近己而俗变相类，议卑而易行"，即离今世愈近的历史愈有借鉴价值，这也是"详今略古"最主要的原因。推广这一原则，愈是变革的历史，愈有借鉴的价值，所以"详变略渐"，成了处理古今关系最重要的原则。

统观《史记》全书特别详写四个段落的历史：一、西周建国史；二、战国之世的变革历史；三、秦汉之际的剧变历史；四、武帝建元、元封之间的变革历史。这四段变革历史加起来只有三百多年，只占三千年历史的十分之一，而叙述的内容，占全书五十二万字的百分之八十，即四十余万字。秦汉之际八年，建元、元封之间三十年，合计不到四十年，而叙述的篇目涉及四十四篇，占全书的三分之一，篇幅字数亦约三分之一。

"详今略古"与"详变略渐"这两个原则的共同点，说明司马迁"通古今之变"的目的是着眼于现世和未来，写古是以古为鉴，不是宣扬复古，所以才"详今略古"。在"详今略古"中又着重究变革之世，因为变革之世的历史经验与教训，更有借鉴价值。

四、树立了中国史学的进步历史观

司马迁吸收先秦、秦汉的进步历史观，并将其发扬光大，体现于《史记》之中，这就为中国史学树立了进步的历史观。

《史记》的研究对象、方法影响了后世的史家，《史记》进步的历史观，也给后世进步的史学家以极大的影响。

司马迁进步的历史观，其主体内容张大可先生认为可概括为三个方面：

其一是大一统历史观。中华民族认同大一统。中华民族历经夏商周到秦汉已基本形成，并突破中原的界限而实现了大一统的局面。这一历史过程为古代思想家所捕捉，经过孔子、董仲舒，到司马迁首次做了完整的构建。司马迁所写的《史记》，上起黄帝，下迄汉武帝，象征历史从统一到分裂再到统一的发展，就是突出大一统的历史观。在司马迁笔下，从黄帝到秦皇、汉武的大一统，象征着历史发展的方向，象征着帝王德业的日益兴盛。中华民族不断壮大，各民族互相融合、日益统一，这就是司马迁大一统历史观的内容。《史记》开篇为《五帝本纪》，塑造了人文始祖黄帝统一部落、草创国家的生动形象，成为中华民族的共同祖先。三皇五帝的传说是华夏文化多元民族融合的反映。三皇五帝以伏羲、炎帝、黄帝为代表，最尊者为黄帝，这归功于司马迁的塑造。《史记》全书所写列国世家、周边民族、人物列传，追本溯源，都是黄帝的子孙。中华民族自称龙的传人、黄帝子孙或炎黄子孙，其中黄帝子孙这一口号最响亮，毫无疑问，应归功于司马迁的塑造。中华民族共认一个祖先，最能唤起同血缘、同地域、同文化的民族亲情，中华民族都是龙的传人、黄帝子孙，这一民族大一统观念，数千年来激励着无数的仁人志士为中华民族的生存、繁荣和进步而斗争。"黄帝子孙"至今仍是一个神圣的名词，具有无限的号召力。只要提起伏羲、炎帝、黄帝，就能唤起全体中华儿女的激情，追念先祖，认同文化，产生民族自豪感和爱国心，奋而思进，不畏艰难险阻，为祖国贡献个人的力量。

其二是发展、进化、变革的历史观。历史是周而复始的循环，还是在发展、进化？历史是因循守旧、回顾往古，还是在因俗变化、不断革新？这是司马迁在《史记》中所要探索和解答的问题。司马迁的历史观带有循环论的色彩。以往的论述，一讲到"循环"，总与"因循""倒退"的字眼相联系，或者贴上一记"唯心史观"的标签了事。其实在秦汉之际，我认为循环论历史观是当时人们认识历史发展所能达到的认识论的制高点，初起是一种进步的历史观。循环论摒弃了人心益恶，讲天道惩恶佑善，本来的意愿是劝戒人君重视历史变化，施行仁政，争取民心，争取天命，获得五德之属。"循环"二字包含着发展和变化的思想，只不过是转圆圈。转圆圈也是一种运动。

司马迁发展、进化、变革的历史观，更鲜明地表现在《史记》的具体内容中。朝代更替、制度建立、对民施政等各个方面都表现了这种进步的历史观点。《五帝本纪》说：黄帝之世，部落互相攻战，生产落后。黄帝"修德振兵"，统一了天下。他举风后、力牧、常先、大鸿以治民，按时播百谷草木。风后等人只是黄帝的助手。黄帝本人"披山通道，未尝宁居"。这时制度草创，不能成体系。经过颛顼、帝喾、帝尧，礼法与制度日趋完备。当舜之时，礼仪制度都建立起来。舜举了二十二个贤人治理国家。各部主事有正有佐，"三岁一考功，三考绌陟，远近众功咸兴"，各种事业都兴办起来。司马迁说"天下明德皆自虞帝始"，这句话就是《五帝本纪》的主题。历史经过了从黄帝到虞舜的不断发展，国家建制才初具规模。《五帝本纪》的思想脉络对于读《史记》全书是一个示例。本篇仅三千余字，具体生动地描绘了五帝相承的发展变化，鲜明地表达了司马迁进化论的历史观。

如上所述，司马迁扬弃和改造了循环论，借用循环论的语言来表述历史之"变"，发展成为进化论的历史观，这是他对历史学的一大贡献。

其三是带有二元论色彩的朴素唯物历史观。历史是怎样向前发展变化的，即是谁在创造历史，司马迁的回答具有浓厚的二元论色彩，但基本倾向是朴素唯物论历史观。我们可以从两个方面来说明。

第一，司马迁认为天人相感，却又不受星占术荒诞迷信的束缚。《史记》"极人言"，不言"怪物"，不信鬼神，而在抽象议论中又保留有天命论、天人感应的地盘，但在历史记叙中却是否定天命论，也否定天人感应，对项羽"天亡我"等的天命论进行了批判。司马迁的这种进步历史观，也成为中国优良史学传统的组成部分。这个优良传统一直到近代仍有很大的影响。

第二，司马迁述史虽以帝王将相为中心，但有两个显著的进步历史观点，符合唯物主义的认识论，为后世史家所不能望其项背。其一，司马迁认为任何一个成功的统治者都不能自以为是，而是必须广泛集中百官群臣的智慧。他说："尧虽贤，兴事业不成，得禹而九州宁。"（《匈奴列传》）又说："'千金之裘，非一狐之腋也；台榭之榱，非一木之枝也；三代之际，非一士之智也。'信哉！夫高祖起微细，定海内，谋计用兵，可谓尽之矣。然而刘敬脱挽辂一说，建万世之安，智岂可专邪！"（《刘敬叔孙通列传》）为此，司马迁为侠客、医卜、商贾、俳优、博徒、渔夫、猎户、妇女等下层人物作传，创立类传，使《史记》具有丰富的人民性。其二，司马迁认为，民心向背，对一个国家的兴亡起着决定作用。"民为邦本"，是儒家宣扬的观点；而司马迁的贡献，是生动地描绘了人民群众的创造力量。秦朝之亡，是由于陈涉发难，"风起云蒸，卒亡秦族"；"子羽暴虐，汉行功德"，这是楚亡汉兴的根本原因。孝文帝"专务以德化民，是以海内殷富，兴于礼义"（《孝文本纪》）。

《史记》五体说例

　　司马迁以他杰出的才华和惊人的毅力，采花酿蜜，在广泛占有材料的基础上，经过认真考辨，融汇贯通，写出了我国第一部包括十二本纪、十表、八书、三十世家、七十列传，共一百三十篇，五十二万多字的纪传体通史——《史记》，创造性地发明了以人物为主体的历史典籍编撰方法，从而把我国史学发展推进到了一个前所未有的新阶段，在史学史上树立了一块不朽的丰碑。

　　关于《史记》五种体裁的名称，在司马迁之前已经出现，但其原来的性质、用途却与《史记》不尽相同，把这五种体裁有机地结合在一部书里，使它们相互配合，形成一个完整的体系，发挥各自不同的作用，这是司马迁的首创。梁启超说："诸体虽非迁所自创，而迁实集其大成，兼综诸体而调和之，使互相补充而各尽其用，此足证迁组织力之强，而文章技术之妙也。"（《中国历史研究法》第二章）这是中肯的评价。

本纪。纪是纲领，所谓本纪，就是以主宰天下政局的帝王为纲，以编年的形式，提纲挈领地记载各个时期的国家大事。由于作者侧重记述的是某一历史阶段中的实际主宰者，而不仅仅着眼于帝王，所以项羽并非皇帝，吕后也并非天子，司马迁却都把他（她）们列入了本纪。因为在楚汉战争期间，项羽是当时左右天下局势的人物；而吕后在汉惠帝时也是实际上掌握政权的人物。清人徐时栋说："天下号令在某人，则某人为本纪，此史公史例也。故《高祖本纪》之前，有《项羽本纪》。""此后无人能具此识力，亦无人敢循此史例矣。"（《烟屿楼读书志》卷十二）确实，司马迁为不是天子的项羽立本纪，以及为不是天子的吕后立本纪，他这种超人的气魄和胆略，是后代任何一位史家都无法企及的。从《汉书》以后，本纪专记帝王已成为定例，虽然仍模仿《史记》，但实际上已经是貌合神离，失去了司马迁立本纪的真实精神。

表。是用清晰简明的表格，概括排列各个历史时期的人事，或年经国纬，或国经年纬，眉目清晰，纵横朗然，使读者对三千年间的历史大事一览即知。这是司马迁煞费苦心的创造。全书十表，分世表、年表、月表三种，除了《三代世表》和《秦楚之际月表》之外，其余都是年表，其中以汉代

的年表数量最多，占了六个。根据内容，十表又可分为大事
年表和人物年表两类。前者按年代记述事件，后者则是按不
同时期分诸侯国记述人物，它们反映的是从五帝到汉武帝时
代的历史人事的发展变化。十表纵横联络，"如天孙云锦，
丝牵绳联，绮回绣合"（潘永季《读史记札记》），结构非
常细密，合起来看，可以有贯通古今的效果，所以宋代郑樵
有"《史记》一书，功在十表"之誉（《通志总序》）。

《史记》表的意义与作用，可以概括为四个方面：

第一，提纲挈领地表现历史内容。表既可以把《史记》
其他四种体裁的内容提纲挈领地表现出来，也可以把其他四
种体裁不便记、不能记、没有记的内容表现出来。比如《高
祖功臣侯者年表》和《建元以来侯者年表》，分别把一百多
人和七十二国受封者的功绩、履历、官爵、封邑、传国、失
侯等内容，详细地表述了出来，这就大大省却了为他们各自
立传的繁琐。

第二，简要明晰地揭示天下大势。牛运震说："表主著
年，以事附之，自宜摘其会盟、征伐、兴衰、成败大事列于
篇，要以简要明晰为贵，一切闲文细事，均宜从略。"（《史
记评注》）这一点应该成为作表的基本要求。比如《十二诸
侯年表》所记的主要是春秋时期周天子以及十三个诸侯国的
立国、受封、传代、世事、灾异、存亡等情况，而其中一些
主要国家，《史记》都已为之设立了本纪或世家，分别来看，

它们各自的发展线索都很清楚。司马迁采用的这种以简要明晰的表格来揭示天下大势的做法，得到了后人的肯定。

第三，经纬纵横形成"无言之文"。这是说，司马迁这时的笔削微旨，不是用文章，而是用史表的形式加以表现，从而达到"此时无声胜有声"的效果。

第四，从通古今之变的述史目的看，"十表"编年纪历，划分历史断限，建立了古代的年代学。这是《史记》十表的最大功用。

最后，我想提一下《史记》中的"表"在我们阅读、学习中的重要作用。一是我们阅读《史记》的"本纪""世家""列传"甚至是《左传》的过程中，在遇到一些历史事件和人物时，"表"可以帮助我们理清复杂的历史背景、脉络，以及各个历史事件和人物之间的关系和联系。二是通过对"表"的阅读和学习，可以复习巩固我们之前学习过的内容，加深我们对历史的理解。

书。今本指《礼》《乐》《律》《历》《天官》《封禅》《河渠》《平准》八书，是对国家的朝章国典即重要方针政策、规章制度的记录，分别记载了礼乐、军事、历法、天文、祭祀、水利、经济等方面的问题。《史记·太史公自序》说："礼乐损益，律历改易，兵权山川鬼神，天人之际，承敝通变，作八书。"这几句话应该怎么理解呢？"礼乐损益”，指的是今本“八书”中的《礼书》和《乐书》，记录的是用来巩固统治的礼乐制度。汉代从武帝开始尊儒，儒家倡导“礼乐治世”，所以在《史记》的“八书”中《礼书》与《乐书》就抢占了第一与第二的位置。讲“礼”首先就是讲等级制，讲究严格的尊卑上下，丝毫不能乱；讲“礼”就是维护统治阶级的特权，被统治者不能心怀不平。怎样才能达到这种境界呢？这就要通过“乐”的作用了。“乐”的最终目的就是让社会和人们之间达到快乐与和谐。第三句“兵权山川鬼神”，“兵权”是指今本的《律书》（按：应为《兵书》。《礼书》《乐书》《兵书》均逸失，《兵书》的全文丢失了，只在这篇的“前言”中还残存着几十个字），记录的是军事制度。“鬼神”是指《封禅书》，记录的是祭祀制度。古人因恐惧、迷信而祭祀天地鬼神，这毫不奇怪。古代王朝的历史中都有“郊祀志”，这很正常。不正常的是秦始皇与汉武帝迷信神仙，祈求长生不死。他们的祭祀活动远远超出了一般帝王的“郊祀”，故而司马迁特别称此篇为“封禅书”。“封禅书”是一篇讨伐鬼神迷信，讨伐长生骗术的檄文，至今仍闪耀着唯物主义思想的光芒。“山川”是指《河渠书》，记录的是水利问题，写了秦汉王朝历次兴修水利的过程，是中国第一部水利通史。第四句“天人之际”是指《天官书》，讲的是古代的天文学，包括天空星象的排列顺序，与人世间流行的占星术。司马迁生活在“天人感应”说流行的汉代，受这方面的影响是不奇怪的，但他在认识与行动上则注意了"天人相分"，而对董仲舒持批判的态度。第五句"承敝通变"是指《平准书》，记录的是经济制度，写了汉王朝建国以来所施行的一系列经济政策。汉武帝在位五十多年，有许多辉煌的成就，但也有许多经济与军事上的失策。司马迁在《平准书》中对汉武帝的批评有些是尖锐和可贵的；但也有些不能不说是片面的，是过分挑剔的。到此，"八书"已经被点到了七篇，剩下的第二句"律历改易"如何理解呢？我们还需要看《史记·太史公自序》："律居阴而治阳，历居阳而治阴，律历更相治，间不容飘忽。五家之文怫异，维太初之元论。作《历书》第四。"由此可知，这第二句的"律历改易"是指一篇，即今本中的《历书》。而这篇《历书》中本来应该包括"律"的内容，这部分讲"乐律"的内容在今本中被划入了《律书》，它应该回到"历书"中去，恢复成原来的"律历书"。"律历书"是讲音律、讲度量衡、讲历法。古人常把度量衡的产生与音律和历法的发展联系起来。度量衡与历法都与人类的社会生活、生产发展密切相关。

司马贞《史记索隐》说："八书记国家大体。"清代赵翼说："八书乃史迁所创，以纪朝章国典。"（《廿二史札记》卷一）足见"八书"在《史记》中的重要地位，它是我们研究各种典章制度的发展变化，以及司马迁思想的重要材料。

世家。所写是一些有爵位、俸禄可以世代相传的贵族之家的历史，这里面主要包括三部分人：其一是春秋战国以来的各个诸侯国，它们是接受周天子分封而成为"世家"的；其二是汉代被封为诸侯王的刘姓子侄；其三是被汉朝封为侯的开国功臣，如萧何、张良、陈平等。除此之外，尚有《孔子世家》《陈涉世家》《外戚世家》三篇。《外戚世家》写的是历代皇后及其家族，人们争议不大。有争议的是司马迁把孔子、陈涉列入了世家。司马迁为何把"无世可传，无家可宅"的孔子和陈涉列入了世家呢？这就要谈一下司马迁作"世家"的目的了。在《史记·太史公自序》中说得很明白："二十八宿环北辰，三十辐共一毂，运行无穷，辅拂股肱之臣配焉，忠信行道，以奉主上，作三十世家。"

在这里，司马迁明确指出，世家记载的是"辅拂股肱""忠信行道，以奉主上"的人，"凡能拱辰共毂，为社稷之臣，效股肱辅弼之任者，则史迁入之世家；开国可也，不开国亦可也；世代相续可也，不能相续亦可也；乃至身在草野，或不旋踵而亡，亦无不可也"（朱东润《史记考索》）。因为司马迁是以承认天子在国家政治和社会历史内的中心地位而创设世家这种体裁的，所以孔子虽然没有仕于周室，但是他"悼礼废乐崩，追修经术，以达王道，匡乱世反之于正，见其文辞，为天下制仪法，垂《六艺》之统纪于后世"（《史记·太史公自序》），为维护周天子的地位和加强国家的统一，汲汲奋斗了一生，完全是个有利于国家统一的"社稷之臣"，因此他的事迹适合列入世家；同样地，陈涉在秦末率先发难，为汉驱除阻力，他"所置遣侯王将相竟亡秦"，最后真正导致了国家的统一和安定，所以也可以入世家。相反，吴王濞、淮南王、衡山王因为他们"不务遵蕃臣职以承辅天子，而专挟邪僻之计，谋为畔逆"，在他们为王不久后就被国家诛灭，所以他们虽然曾是侯王，故司马迁也不可能把他们列入"世家"。

列传。记载了各个时代的不同阶层、不同类型人物的历史。作者遴选入传的标准是"扶义倜傥，不令己失时，立功名于天下"。也就是说，只要他们有雄心，有大志，有功于天下，能传名于后世，那么即使像游侠、刺客、医生、卜者、商人，司马迁也都为之立传；相反，如果碌碌无为，没有影响，毫无贡献，那么即使他们官居极品，司马迁也不为之立传。为了表达的需要，司马迁把列传分为专传、合传、附传、类传四种，专传即一人一传，如《孟尝君列传》《魏公子列传》等等；合传有的取其人品相近，如《张释之冯唐列传》；有的取其彼此相关，如《魏其武安侯列传》；有的取其学术思想相承袭，如《老子韩非列传》。在写法上，两人以上的合传，有的是并列叙述，无所谓轻重主次，如《管晏列传》；有的以一人为主，旁人附录，如《孟子荀卿列传》，标题为孟子荀卿，而所讲内容有驺子、田骈、慎到、环渊、接子、墨子、淳于髡、公孙龙、剧子、李悝、尸子、长卢、吁子等十几个人。类传是按行事相类或属性相同加以编排，如《循吏列传》专记遵纪守法的官吏；《酷吏列传》专记严刑峻法的酷吏；《游侠列传》专记轻生尚义、救人于危难的侠义之士；而《匈奴列传》《西南夷列传》等，则是有关少数民族的专传或类传，表现了司马迁的民族一统思想。列传是《史记》中的精华，无论从思想之丰富还是描写之精彩来看，它都是最引人重视的部分。

司马迁开创了以人物为中心的述史方法，同时也在《左传》《国语》《战国策》等先秦古籍中的"君子曰"的基础上，创造了用"太史公曰"来评论历史事件和历史人物的史评新形式。全书有"太史公曰"一百三十余条，除《汉兴以来将相名臣年表》外，几乎篇篇都有"太史公曰"，这些论赞大多被安排在每篇结尾，也有放在篇首或散见篇中的。这些论赞所包含的内容非常广泛，它们"或檃括全篇，或偏举一事，或考诸涉历所亲见，或证诸典记所参合，或于类传之中摘一人以例其余，或于正传之外摭轶事以补其漏，皆有深义远神，诚为千古绝笔"（牛运震《史记评注》）。

"太史公曰"是作者亲自对历史人事作的评论，与此相配合，司马迁又创造了"寓论断于叙事之中"的评论方法。

司马迁是在叙述历史的过程中，把自己对所叙人物、事件的态度、感情自然地流露出来，也就是通过客观叙述史实来体现其主观的评价。比如《陈涉世家》在描写陈涉称王后的骄奢与脱离群众时，用笔轻灵巧妙，不作正面叙述，没有大段铺陈，而只写了宫门前的一个小纠纷：陈涉"已为王，王陈。其故人尝与庸耕者闻之，之陈，扣宫门曰：'吾欲见涉。'宫门令欲缚之。自辩数，乃置，不肯为通。陈王出，遮道而呼涉"。整段文字没有一句写陈涉本人如何骄纵，只是写宫门令的傲慢乖张、气焰凶盛。但俗话说，"有其主，必有其仆"。在这里，我们不正是由其仆以见其主了吗？《史记》中这类例子不胜枚举。通过叙述历史，让事实本身说话，这是一种十分高明的做法。

总之，《史记》是一部规模宏伟，严谨博大的纪传体通史，自从这种体例创立后，历代相沿不衰。郑樵说：《史记》"使百代而下，史官不能易其法，学者不能舍其书，六经之后，惟有此作"（《通志总序》）。赵翼也说："司马迁参酌古今，发凡起例，创为全史。……自此例一定，历代作史者遂不能出其范围。"（《廿二史札记》卷一）《史记》以后的二十几部正史，都清一色地使用纪传体写成，仅此一端也就可见《史记》影响之深远了。

史学著作的文学观

司马迁是汉代伟大的历史家，也是汉代伟大的文学家。在汉代，历史与文学的界限分得还不是很清楚，但有一点司马迁比较清楚、比较自觉，这就是他很注意讲究作品的艺术性。也正因此，从今天的文学观点来看，他的《史记》是汉代艺术水准最高的文学著作。《史记》在我国散文和小说发展史上也有着不可忽视的开创意义。司马迁这种艺术成就的取得不是偶然的，这与他个人的文学见解、文学主张分不开。那么司马迁的这种见解、主张表现在哪里呢？

第一，表现在他有意识地注意文学的特点，努力使之与学术分开，并十分地重视文学家和突出地喜爱文学作品上。

在先秦时期，"文学"的含义是指学术、学问，它是与"德行""政事""语言"等并列使用的。从今天的观点看，先秦最典型的文学著作是《诗经》和《楚辞》，但前者在当时被看成是一种教科书，是一种启蒙、益智，培养办事能力，通晓世故人情的读物；后者则完全不见于先秦著作。入汉以后，赋制兴起，辞赋作为一种独特的艺术，与经术分开了。屈原开始被重视，《离骚》开始被传诵，整个西汉上流社会对辞赋喜爱若狂。在这种形势下，人们怎样区分这两种不同的事物呢？在西汉，"文学"的含义略等于"儒术"。当时人们把那些有文采、有艺术性的作品称为"文章"，把它们的作者称为文章家，明确地与经术、学术分道扬镳了。这对于文学和文学理论的发展是有促进意义的。而司马迁的《史记》在明确这种"文章"与学术的界限，在强化人们对"文章"的认识上有巨大作用。这主要表现为两点：其一，司马迁分外喜爱和重视文章家，他不惜用大的篇幅为他们立传。如屈原其人不见于先秦任何史料，在战国时代这个人的威望不会很高，但在《史记》里屈原成了光辉的形象之一，他是司马迁理想的英雄，也是司马迁意志信念的化身。像《屈原列传》这样通篇充满着无限钦敬之情的作品，在《史记》里并不是很多。再如司马相如，他在汉代统治者的心中只不过是个玩物，"等同俳优"。但司马迁不但为其列传，而且大量收录其文章，使之成为《史记》中收录文章最多的篇章，全传9200多字，比《项羽本纪》还要长。其二，司马迁分外喜爱和重视有感情、有文采的艺术作品，凡遇到这种文章，他总是不计篇幅地尽量录入。例如在《李斯列传》中他录入了《谏逐客书》《论督责书》；在《乐毅列传》中他录入了《报燕惠王书》；在《贾谊列传》中他不收《论积贮疏》《治安策》，而收入了《吊屈原赋》和《鹏鸟赋》。如果在这个问题上批评司马迁轻重倒置，不像《汉书》那样注意收"经世之文"，那也是正确的。但对比之下，这明显地表现出了司马迁的确是更喜爱那些具有文学色彩的作品，甚至他还可以为了一篇文章而特意立一个本来可以没有的列传，例如《鲁仲连邹阳列传》就是这样。如果说鲁仲连还是战国时期的一位奇人，司马迁为他立传，还是出于对他这个人的仰慕，而不光是喜爱他驳斥新垣衍的那段辞令和《遗燕将书》那篇文章的话，那么他为邹阳立传，则是除了说他喜爱邹阳的那篇《狱中上梁王书》外，不能再作任何别的解释了。明代茅坤说："邹阳本不足传，太史公特爱其书之文词颇足观览，故采入为传。"这是一点也不错的。

司马迁这种突出地重视文学家、重视文学作品的观点，具有开创性，对当时人、对魏晋人都有巨大影响。班固的《汉书》更注意从历史的角度看问题，更注意收"经世之文"，但他重视文学家、重视文学作品的思想则是直接承袭司马迁的。现在讲文学史、批评史的人们总爱引用曹丕《典论·论文》中的"盖文章经国之大业，不朽之盛事"，来说明魏晋之交人们文学意识的自觉，但是这不正是由于《史记》《汉书》首先为文学家立传，首先重视文学作品，才逐渐促进了魏晋时期的这种思想观点的形成吗。

第二，表现在他对文学创作的一系列问题的看法上。

关于文学的功用，司马迁首先强调要能讽谕政治的得失，要能成为促进政治改革的手段和工具。他在《屈原列传》中称赞《离骚》说："上称帝喾，下道齐桓，中述汤武，以刺世事。明道德之广崇，治乱之条贯，靡不毕见。"很强调一个"刺"字。他之所以蔑视宋玉、唐勒、景差诸人，也正是因为他们学屈原只学了皮毛，而未学到实质，他们都是"祖屈原之从容辞令，终莫敢直谏"。这些都是指对上、对现实政治而言。同时，他也强调文学对社会、对百姓的教化作用。他在《乐书》中说："凡作乐者，所以节乐。……以为州异国殊，情习不同，故博采风俗，协比声律，以补短移化，助流政教"，从而使"万民咸荡涤邪秽，斟酌饱满，以饰厥性"。这些看法虽然近似老生常谈，但它出现在西汉前期，毕竟是比较早的。

强调怨，强调愤，强调讽谏，这是司马迁对文学功用的最核心的认识。唐代杜甫、白居易的诗歌理论是与此一脉相承的。白居易在《寄唐生》中说自己的诗："篇篇无空文，句句必尽规。功高虞人箴，痛甚骚人辞。非求宫律高，不务文字奇。惟歌生民病，愿得天子知。"这种文学观点从司马迁以来在中国文学发展史上一直占据着主导地位。

在文学与现实生活、现实政治的关系上，司马迁在《吴太伯世家》中全文引入了《左传》中的季札论乐一节，表现了他对于现实生活、现实政治决定着诗歌、音乐的思想内容和艺术风格这一问题的认识。其中说："歌《郑》。曰：'其细已甚，民不堪也，是其先亡乎？'歌《齐》。曰：'美哉，泱泱乎大风也哉！表东海者，其太公乎？国未可量也。'"如此等等，都明确地体现了作者对艺术必然要反映现实生活、反映现实政治这一问题的认识。他在《屈原列传》中说《离骚》"明道德之广崇，治乱之条贯，靡不毕见"，也是指《离骚》反映了楚国的政治现实和屈原社会理想的意思。

关于作家的思想、世界观和文学创作的关系问题，司马迁主要提出了两点：其一，他认为作家的思想人格和作品的内容好坏是一致的。他在《屈原列传》中说屈原与《离骚》的关系是："其志洁，故其称物芳；其行廉，故死而不容。"所谓"其志洁，故其称物芳"就明确提出了作家的思想人格对作品内容的决定作用。鲁迅在《革命文学》中形象地说这两者的关系是："从喷泉里出来的都是水，从血管里出来的都是血。"说法不同，所表述的基本意思是相同的。

其二，司马迁提出了忍辱发愤说。他认为许多文学家的成功，许多名著的出现，往往都与文学家个人的受辱发愤分不开。他在《报任少卿书》中说："盖文王拘而演《周易》；仲尼厄而作《春秋》；屈原放逐，乃赋《离骚》；左丘失明，厥有《国语》；孙子膑脚，《兵法》修列；不韦迁蜀，世传《吕览》；韩非囚秦，《说难》《孤愤》；《诗》三百篇，大底圣贤发愤之所为作也。此人皆意有郁结，不得通其道，故述往事，思来者。"这就是批评史上讲的"发愤著书"说。

所谓"忍辱发愤"，是司马迁生死观的表现之一。司马迁认为："死有重于太山，有轻于鸿毛，用之所趋异也。"他认为人要死得有价值，不然就要暂时隐忍，以求干成一份大事业。所谓"发愤著书"，这里面有两层意思，其一是受挫折、受侮辱，能够给人一种激励，能够使人的意志更加顽强，能够让人的生命放出更加绚丽的火花；其二是受挫折、受侮辱能使人的思想认识产生飞跃，能使人反省，能使人看清、认清过去一帆风顺时所不容易看清、认清的东西。正是由于受宫刑，才使司马迁的头脑更清醒了，眼光更明亮了，才使他更多地看到了下层人民的美德，以及统治阶级内部的种种黑暗、腐朽与阴私。受宫刑对司马迁的肉体与精神的摧残是严重的，但这却是使《史记》的思想内容产生巨大飞跃的重要条件。

第三，表现在文学标准、文学批评上，司马迁除了要内容与形式并重，要艺术与人格统一外，还进一步强调了文学要有艺术性，要有审美价值。

先秦文学理论的主要倾向是讲究实用，不提倡艺术上的美。孔门也是读《诗》的，但他们不是把《诗》当作文学作品来读，而是把它当成生活的教科书来念。孔子说："不学《诗》，无以言。"又说："女为《周南》《召南》矣乎？

人而不为《周南》《召南》，其犹正墙面而立也与！"又说：
"诵《诗》三百，授之以政，不达；使于四方，不能专对；
虽多，亦奚以为？"

关于形式与内容的关系，孔子最有名的话是"辞达而已
矣"。他又说："质胜文则野，文胜质则史，文质彬彬，然
后君子。"他要求的是表里一致，是内容与形式的统一。孔
子曾说过"言之不文，行之不远"，但他之所以强调"文"，
目的还是为了"行"。荀子的理论似乎比孔子还要激进，他
反对文采，说："乱世之征：其服组，其容妇，其俗淫，其
志利，其行杂，其声乐险，其文章匿而采。"（《荀子·乐
论》）完全主张尚质尚用。至于法家，更是完全诋毁文学，
《韩非子·亡徵》说："喜淫刑而不周于法，好辩说而不求
其用，滥于文丽而不顾其功者，可亡也。"整个先秦没有人
从理论上提出可以不太重视内容地讲究文采，可以独立地讲
究艺术美的主张。首先提出这种要求、这种主张的是司马迁。

司马迁要求文章要有美的语言、美的形式，要能给人以
美的吸引。他之所以要立《三王世家》，就是因为看中了其
中几篇文章"文辞烂然，甚可观也"。他在《儒林列传》中
引群臣的上书说："臣谨案诏书律令下者，明天人分际，通
古今之义，文章尔雅，训辞深厚，恩施甚美。"所谓"烂然"，
所谓"尔雅"，大体都是就语言辞藻方面的美感讲的。他在
《屈原列传》中说："《国风》好色而不淫，《小雅》怨诽

而不乱。若《离骚》者，可谓兼之矣。"所谓"好色"，即指其中描写了许多美丽的风光景物和许多佳冶窈窕的年轻女人而言，它感情强烈，色彩浓艳。其中有访宓妃，求佚女，鲜花香草翁茸馥郁，奇装异服五彩缤纷。司马迁欣赏它，并把它看成一种极其完美的艺术境界。

司马迁对文章艺术的另一个要求是隐约、含蓄，语言精炼而包容深广。他在《孔子世家》中说孔子的《春秋》是"据鲁，亲周，故殷，运之三代。约其文辞而指博"。在《儒林列传》中又说："仲尼干七十余君无所遇，……故因史记作《春秋》，以当王法，其辞微而指博，后世学者多录焉。"在《太史公自序》中他说："夫《诗》《书》隐约者，欲遂其志之思也。"在《屈原列传》中他称道《离骚》："其文约，其辞微，其志洁，其行廉，其称文小而其指极大，举类迩而见义远。"隐约、含蓄，语言精炼而包容深广，这的确是人们对文学作品的基本要求之一，对于诗歌来说，尤其需要如此。而作为"无韵之《离骚》"的《史记》，它的精炼、含蓄、言近意远，可以说是有典范性的。

在内容与形式的关系上，他主张形式为内容服务，文章一定要关系于社会政治与世道人心。他反对"虚辞滥说"，华而不实。他所欣赏崇拜的是屈原那种形式与内容高度统一、文章的艺术性与人格高度统一的作品，不赞成宋玉、唐勒、景差诸人只会"从容辞令"而不敢表达自己对国家政事的思想见解。

《史记》代表着两汉文学艺术的最高成就，司马迁的实践经验是非常丰富的。诸如以人物为中心，通过人物塑造来表现主题的问题；历史史料的基本真实与局部、细节夸张虚构的关系问题；典型材料的选择与篇章结构的安排问题；描写心理和为人物设计个性化语言的问题；描写场面、渲染气氛和加强文章的气势感、抒情性的问题等等，成就都很突出。许多方法、原则是具有开创性的，它为后世的散文、小说创作奠定了基础，开拓了无数法门。只是由于时代条件所限，司马迁未能更多地从理论上对其加以概括，他从理论上提出的观点远不及他艺术实践的百分之一、千分之一。

一个自觉的、懂得艺术的时代终于到来了，曹丕明确提出了文章诗赋要"雅"、要"丽"的文学理念，又过了几十年，到了陆机那里，他更明确地提出了文章要"其会意也尚巧，其遣言也贵妍，暨音声之迭代，若五色之相宣"。但是我们检阅一下两汉四百年间的文学理论，究竟是谁先重视肯定艺术和艺术家的呢？数典不能忘祖，司马迁是魏晋新文学理论的先驱者，曹丕、陆机的文学观点是与司马迁一脉相承的。

《史记》如何写人

　　《史记》不仅是一部伟大的历史著作，而且是一部伟大的文学著作。司马迁开创了以人物为中心的写人文学，这在我国文学发展史上具有划时代的意义。早在先秦时期，以叙事为中心的《左传》和以写辞令为中心的《战国策》等，都写了一些人物，取得了一些经验，这无疑给《史记》的写作以巨大的艺术影响。但是《左传》《战国策》等书的主旨在于写事，而非写人。因此，要追溯我国写人文学，甚至说到中国小说戏曲的始祖，就不能不首推《史记》了。和先秦的历史散文相比，《史记》的写人成就表现在以下两个方面：

　　其一，《史记》扩大了写人范围，塑造了一大批具有某种典型意义的人物。《左传》《战国策》所记载的人物，基本上侧重在政治、军事方面，而《史记》则上至帝王将相、皇亲国戚、文武大臣，下至学者、平民、商人、妇女、游侠、医生、卜者、方士、倡优，旁及少数民族首领、农民起义领袖等，凡是活动在从黄帝到汉武帝这三千年的历史大舞台上的各种各类、各行各业的代表人物，都有记载，都有描绘。一部《史记》，记录了四千多个人物，其中给人以深刻印象的有一百多人。这些个性鲜明的人物，往往代表了社会上的某一类人，反映了一种社会现象，有的达到了一定典型化的程度。如杜周、张汤是酷吏的典型，郭解、朱家是游侠的典型，聂政、荆轲是刺客的典型，邓通、李延年是佞幸的典型，淳于髡、优孟是滑稽的典型，石奋是恭谨小心的官僚典型，叔孙通、公孙弘是阿谀逢迎的典型，张释之、汲黯是刚直官僚的典型，廉颇、韩信是良将的典型，樊哙是勇猛的典型，张良是权谋的典型。此外如项羽的直率、豪爽，刘邦的狡诈、无赖，吕后的嫉妒、残忍，屈原的耿介孤高，勾践的卧薪尝胆，伍子胥的忍辱报仇，范蠡的功成身退，魏公子的礼贤下士，鲁仲连的见义勇为，李斯的自私自利等等，也都是很典型的性格特征。另外，司马迁在塑造了许多某一方面典型人物的同时，还注意写出同类人物的差异之处，而且写谁像谁，没有重复，不见雷同，都是独具风采的"这一个"。如同为帝王，汉高祖的无赖，汉惠帝的软弱，汉文帝的仁厚，汉景帝的刻薄，汉武帝的多欲，写得各有各的特点。同为谋臣，范增性情暴躁，事不成则好怒；而张良则沉着镇定，临事从容不慌，司马迁把两个人的面目写得各异。同为战将，白起直言得祸，疏于自全；王翦则老成慎重，善于保身，也写得风姿有别，如此等等，司马迁一手写来，无不历历在目，分毫毕现。《史记》中写得好的人物，其共性与个性都达到了和谐的统一。

其二，突出了人物形象的鲜明性与完整性，增强了人物形象的艺术感染力。先秦的历史散文由于它的重点是在于写事，它的写人是为叙事服务的，所以从人物形象的角度看，一般都显得不够丰满，也无法给人以整体感。司马迁则不同，他以人物为中心，因此很自然地就能够较全面、较完整地来描写人物，诸如人物的姓名、爵里、出身、家庭、主要行事、思想、性格以及结局等，在《史记》中都有明确的交代。但这样一来，又是很容易变成流水帐的。司马迁是怎样避免这方面的毛病，而取得伟大成功的呢？这就是注意选材，注意突出重点。更明确地说，就是注意突出每个历史人物的个性特征。如他写蔺相如，重点是表现蔺相如的大智大勇、先公后私的精神品质，而不是写他处理军国事务的一般才干。因此，司马迁截取了蔺相如一生中最具有传奇色彩又最能表现人物精神的三个典型事例，即完璧归赵、渑池会、将相和来进行集中描写。而写"渑池会"则是把其他政事一概省去，只写了维护国家尊严一节。这就使人物的精神面貌表现得格外生动、突出了。又如李广一生与匈奴进行了大小七十余战，被匈奴称为"飞将军"，畏之如虎。而司马迁只选择了其中最有代表性的三次战斗：一次是猝逢千余敌骑的遭遇战，二

是伤重被俘、孤身斗敌的脱险战，三是冲破匈奴四万余骑的
突围战。在敌众我寡、紧张惊险的战斗场景中，表现了李广
惊人的智慧和超人的胆略，塑造了一个富有传奇色彩的英雄
形象。由于司马迁写人所选的事例典型、情节生动、故事性
强，加上描写细致传神，所以《史记》中的主要人物都是生
动感人、栩栩如生的。这一点，连日本学者也赞不绝口，如
斋藤正谦说："读一部《史记》，如直接当时人，亲睹其事，
亲闻其语，使人乍喜乍愕，乍惧乍泣，不能自止。"（《史
记会注考证》引）

　　《史记》中的人物能写得如此成功，和司马迁注意调动
多种多样的艺术手法有关。司马迁写人的方法丰富多彩、不
拘一格，主要有以下几方面：

　　第一，司马迁善于通过典型细节来刻画人物。细节描写
是文学作品塑造艺术形象的重要手段之一。司马迁写人物传
记，除了抓住人物一生中的重大事件作浓墨重彩的渲染外，
还非常注意选择一些典型细节作精雕细刻，从而很好地表现
人物的性格特征，揭示人物的精神风貌。如《陈涉世家》写
陈涉的佣耕叹息，《留侯世家》写张良亡匿下邳时为圯上老
人进履，《陈丞相世家》写陈平为乡党均分社肉，《李斯列
传》写李斯的入仓见鼠而叹，等等。这些脍炙人口的精妙细
节，对表现人物的志趣抱负、性格品质都起了积极作用，有

些甚至和人物的一生行事都有关系。《史记》中，凡是生动典型的艺术形象，其中肯定有生动活泼的细节描写。刘邦是司马迁笔下最生动的人物之一，因此，《史记》中关于刘邦的细节描写也最多。例如当刘邦从汉中杀回来，收复了关中，再向东打到洛阳之时，文章说："至洛阳，新城三老董公遮说汉王以义帝死故。汉王闻之，袒而大哭，遂为义帝发丧，临三日。""汉王闻之，袒而大哭"八个字，把刘邦那种随机应变，见景生"情"的本领表现得淋漓尽致。当刘邦与项羽相持于荥阳，项羽亲自挑战，刘邦骂项羽有十条罪状，而后文章写道："项羽大怒，伏弩射中汉王。汉王伤匈，乃扪足曰：'虏中吾指！'"这里也把刘邦的神情写活了。刘邦果然是机灵，脑瓜转得快，这一招实在太重要了。张守节说："恐士卒坏散，故言中吾足指。"（《史记正义》）这对于蒙骗敌人、稳定自己的军心起到了非同小可的作用。

在《史记》中，司马迁对有些人物的描写，甚至主要是靠铺叙一系列细节小事而独见风采的。梁启超在《中学以上作文教学法》中对司马迁描写廉颇的手法进行分析说："《史记》写他八次胜仗，不到二十字，反鲁鲁嗦嗦的写他如何与蔺相如吃醋呕气，如何负荆请罪。后来在异国又如何对赵使者表示没有老，想赵王用他，一气写上几百字，这是什么缘故呢？因为若写他的战功，那些战法总是一样；要写他的智勇，那吴起、王翦也是一样的智勇，从此处都不能表现出他

的整个人格。写他几件小事便可以看出，他老人家是一位极
忠诚的军人，气量很小，然而很知大体，待人很厚。"

　　第二，司马迁善于通过矛盾冲突集中、尖锐的场面来刻
画人物。荆轲是司马迁塑造的人物画廊中的一位相当出色的
人物，作品在精心描写场面、突出人物的英雄气概上，取得
了显著成就。如写荆轲离燕入秦，燕太子丹为之送行的场面
时说："太子及宾客知其事者，皆白衣冠以送之。至易水之
上，既祖，取道，高渐离击筑，荆轲和而歌，……曰：'风
萧萧兮易水寒，壮士一去兮不复还！'复为羽声忼慨，士皆
瞋目，发尽上指冠。于是荆轲就车而去，终已不顾。"在这
个场面中出现的形象是秋风、寒水、白衣、悲筑、豪歌、发
指、瞋目。在这样一派惊心动魄的氛围中，作者再加上荆轲
即景作歌这样画龙点睛的一笔，就使得文章通体皆活，使荆
轲的形象、气质，以及这个易水送别的场面立刻变得更加慷
慨淋漓、姿态横生了。作品在描写秦庭惊变的场面时，用笔
尤为精妙绝伦。作者开始先写了蒙嘉对秦王的一套奉承，秦
王是带着接受降书降表那种得意的心情来接见荆轲的。整个
咸阳宫里的威严好不吓人，以至于使秦舞阳这个有名的大勇
士都被吓昏了。这种极力的铺陈渲染，起着一种欲抑先扬的
作用。当图穷匕首现，荆轲持匕首刺向秦王的时侯，整个大
殿上的人都被吓呆了："秦王惊，自引而起，袖绝。拔剑，
剑长，操其室。时惶急，剑坚，故不可立拔。荆轲逐秦王，

秦王环柱而走。群臣皆愕，卒起不意，尽失其度。而秦法，群臣侍殿上者，不得持尺寸之兵；诸郎中执兵皆陈殿下，非有诏召不得上。方急时，不及召下兵，以故荆轲乃逐秦王。而卒惶急，无以击轲，而以手共搏之。是时，侍医夏无且以其所奉药囊提荆轲也。秦王方环柱走，卒惶急，不知所为。左右乃曰：'王负剑！'负剑，遂拔，以击荆轲，断其左股。荆轲废，乃引其匕首以擿秦王。不中，中铜柱。"如此令人眼花缭乱的描写！秦王一边拔剑，一边绕柱奔跑，荆轲在后紧追不舍，殿上殿下的百官一片慌乱，用手搏的，以药囊打的，着急害怕而又不敢上殿救驾的，千姿百态，如在目前，语言短促，气氛紧张。如果说易水送别的场面重在表现荆轲的视死如归，那么，这个刺秦王的场面则有力地展示了荆轲临危不惧、宁死不屈的一腔豪气，使人对这位顶天立地的勇士肃然起敬。我们很难设想，如果司马迁对荆轲刺秦王之事只用三言两语概述其过程，而没有这些精彩的场面描写，荆轲的形象会像今天这样高大、这样雄武、这样具有振奋人心的感染力量吗？

第三，司马迁注意人物的心理描写，而且方法灵活多样。其一是他为人物安排一些言辞，让人物通过自白来表现其内心。这方面最突出的例子是《李斯列传》。李斯的语言有独白、对话、文章三大类，三者各有其妙。

李斯的独白有四处，当他入仓见鼠时，感慨地叹息道：

"人之贤不肖譬如鼠矣，在所自处耳！"当他功成名就，盛极一时时，他喟然而叹道："嗟乎！吾闻之荀卿曰'物禁大盛'。……当今人臣之位无居臣上者，可谓富贵极矣。物极则衰，吾未知所税驾也。"当李斯为赵高所挟，决定依附逆乱时，他仰天长叹，垂泪叹息道："嗟乎！独遭乱世，既以不能死，安托命哉？"当他为赵高所害，因于狱中时，他仰天而叹曰："嗟乎，悲夫！不道之君，何可为计哉？……吾必见寇至咸阳，麋鹿游于朝也。"这四段独白极具代表性，是李斯最为动心的感情流露。所叹的内容虽然不同，表现的喜怒哀乐尽管有异，但共同点是为了自身的得失荣辱而发。孔子说："鄙夫可与事君也与哉？其未得之也，患得之；既得之，患失之；苟患失之，无所不至矣。"（《论语·阳货》）作者所刻画的李斯正是孔子所说的这样一种极端的典型。

　　李斯的对话有与荀卿的，有与秦始皇的，有与秦二世的，其中最精彩的是与赵高的。赵高利诱、威逼李斯篡改诏书废嫡立庶一节，两人往复六次，全文将近七百字。赵高稳操胜券、从容自得地一说不成，又进一说，步步逼紧。李斯则色厉内荏，开始尚招架几句，继而彷徨游移，最后完全被缴械制服。作者的笔像一柄神奇的手术刀，把两个人的心理剖解得迂徐委备，细密入微。吴见思说："李斯奸雄，赵高亦奸雄也。两奸相对，正如两虎相争，一往一来，一进一退，多少机权，默默相照。"（《史记论文》）

　　《李斯列传》与《司马相如列传》相同，都是《史记》中收文章最多的名篇，不同的是，《李斯列传》所收的这些文章都是与表现人物性格密不可分的，它们是整篇人物传记不可缺少的组成部分。《论督责书》最能表现李斯的卑鄙灵魂，他为了保全自己，为了苟延一己之命，居然情甘饮鸩止渴，倒行逆施，置国家民族、亲朋妻小、公理是非，以及生前死后的名声于不顾。这种由"私"字导致的祸国殃民、害人害己，是多么令人不寒而栗啊！

　　除了运用独白、对话、文章表现人物的心理活动外，司马迁有时还以人物自作的诗歌来展示人物当时的内心世界，如冯谖的弹剑而歌、项羽的《垓下歌》、荆轲的《易水歌》、刘邦的《大风歌》、赵王刘友的《赵王歌》、朱虚侯刘章的《耕田歌》、汉武帝的《瓠子诗》，等等，都准确地揭示了人物当时的内心情感与思想活动。

　　其二，司马迁对有些人物的心理活动，有时不作直接描写，而是通过旁人的话予以揭示，写得比较含蓄。如《吕后本纪》写道："孝惠帝崩。发丧，太后哭，泣不下。留侯子张辟强为侍中，年十五，谓丞相曰：'太后独有孝惠，今崩，哭不悲，君知其解乎？'丞相曰：'何解？'辟强曰：'帝毋壮子，太后畏君等。君今请拜吕台、吕产、吕禄为将，将兵居南北军，及诸吕皆入宫，居中用事，如此则太后心安，君等幸得脱祸矣。'丞相乃如辟强计。太后说（同"悦"），共哭乃哀。"由"悦"到"哀",是吕后当时的心理变化,司马迁对之作了准确地把握和描写,非常生动。而且在这里我们还看到了少年佞幸张辟强的善于揣摩人意和陈平见风使舵的自私灵魂。司马迁的这段文字,实际上起到了一石三鸟的作用。

其三,通过一两个表示心理状态的动词,直接揭示人物的内心世界,是司马迁用得最多的一种描写人物心理的方法。如《司马相如列传》写卓文君偷听司马相如弹琴时,"心悦而好之,恐不得当也"。用了"悦""好""恐"三个字,把卓文君喜、爱、愁的复杂心理活动表现得清清楚楚。又如《吕后本纪》中对吕后的心理活动,司马迁常用"怒""大怒""恐""喜""不乐"等词语来直接加以描写。

第四,司马迁善于用对比烘托来描写人物。如《刺客列传》在描写荆轲的同时,还写了田光的侠肝义胆,他是为了极力促成荆轲刺秦王,为了激励荆轲、坚定荆轲的反秦信念而自杀的。田光这种死的意义,与《魏公子列传》中侯嬴的死意义相同,都是因为自己的年事已高,不能亲自去参加抗秦活动了,于是便以自己的死来激励、强化魏公子、荆轲这些人的信念与决心。此外,作品还写了樊於期为助成荆轲刺秦,而献出了自己的人头。作品最后写了高渐离的刺秦,作为荆轲此举的余波。这些都是一些见义勇为、奋不顾身、激昂慷慨的人物,他们彼此映照,互相激荡,从而陪衬了荆轲,突出了荆轲刺秦王的意义。后世人们所说的"燕赵多慷慨悲歌之士"，就是指这一群豪侠而言。同时作品中还写了鞠武、秦舞阳等一批软弱、不中用的人，用他们来和荆轲作对比。尤其是秦舞阳在秦王殿前那种"色变振恐"的表现，更有力地反衬了荆轲的神勇。

司马迁用对比手法写人，除了在同一篇中进行对比外，还有此篇与它篇之间的对比。如《魏公子列传》与《孟尝君列传》《平原君列传》《春申君列传》的对比。四位公子的相同之处只是"好养士"，而四人的思想品质、精神境界的差别是相当大的。魏公子的性格、形象正是在与孟尝君、平原君、春申君等人多方面、多层次的对比映衬中突显出来的。此外如《李将军列传》与《卫将军骠骑列传》，《酷吏列传》与《循吏列传》，《项羽本纪》与《高祖本纪》，以及《萧相国世家》与《淮阴侯列传》等篇之间，也都成功地运用了对比的写法。

第五，司马迁注意用个性化的语言来表现人物性格。如《魏其武安侯列传》开头写汉景帝为讨好窦太后而口不应心地说"千秋之后传梁王"时，窦婴引卮酒进上曰："天下者，高祖天下，父子相传，此汉之约也，上何以得擅传梁王！"当灌夫被田蚡所系，窦婴为援救灌夫四处活动时，其夫人劝阻说："灌将军得罪丞相，与太后家忤，宁可救邪？"窦婴回答说："侯自我得之，自我捐之，无所恨。且终不令灌仲孺独死，婴独生。"这些都表现了窦婴的厚道、耿直、讲义气，但同时又表现出一般贵族的平庸，而缺乏起码的政治斗争经验。在战场上是如此，在平常生活中也是如此。而且不仅主要人物，即使这篇作品中的次要人物也是很有性格的，如韩安国的老奸巨猾，籍福的力求和事，王太后的浑横不讲理，以及汉武帝的心里实有是非，但因迫于王太后而表现出的依违不定等等，也都通过他们自己的语言表现得很清楚。正如清代吴见思所说："其写醉语、怒语、对簿语、忙语、闲语，句句不同。至武帝亦不直武安，无奈太后何，亦欲廷臣公论，乃诸臣竟不做声，遂发作郑当时，是一肚皮不快活语，一一入妙。"（《史记论文》）

由于每个人的出身、经历、教养、思想等不同，因此他们的说话内容、特点、口吻都是有区别的。司马迁的高明之处就在于他能够准确地写出每个人的独特语言，使人听其声而知其人。比如吕不韦出身商人，当他看到秦昭王的太子安国君的儿子子楚在赵国作人质，处境可怜，就想利用他"以钓奇"时，遂说："此奇货可居也。"这"奇货可居"四个字，是典型的商人口吻。陈涉因为有远大的抱负，所以说出了"嗟乎，燕雀安知鸿鹄之志哉"的豪语；夜郎王地处偏远，见识不广，才会向汉朝使者问出"汉孰与我大"这般妄自尊大的傻话。

司马迁的写人手法，并不限于上述这些，还有如外貌描写、夸张描写，以及某些浪漫主义手法等等，我们这里就不细说了。正是由于司马迁成功地运用了以上各种艺术方法，才为我们塑造了如此光辉的一道历史人物画廊，并使这道画廊两千年来一直焕发着动人的异彩。

第三讲

本纪选读　　编年大事记

纪实的《高祖本纪》与抒情的《项羽本纪》

　　项羽、刘邦都是《史记》中的重量级人物，《项羽本纪》与《高祖本纪》以及与之相关的《淮阴侯列传》《留侯世家》等一系列作品，也都是《史记》中异常精彩与惊心动魄的篇章。但从总体看来，司马迁在写刘邦与项羽这两个历史人物的时候，使用的方法完全不同。对于刘邦，司马迁基本采用了纪实的全方位的铺陈描述，很丰富、很全面、很翔实。但写项羽就不同了，《项羽本纪》一开头描写项梁使用的还是按部就班地描写大人物的方法，等到项梁一死，从项羽杀宋义、夺兵权开始，司马迁就转为了用一种满怀激情和赞赏的浑融精淳的笔调，来专门描写以项羽为代表的这支如疾风、如闪电、如烈火的军队。这支无坚不摧的军队，荡平了章邯、王离的几十万秦军，又使刘邦的五十六万汉军化为齑粉，他们在西至成皋、东至彭城的大地上，像风卷残云、风扫落叶一样，无坚不摧，百战百胜。但项羽是西楚霸王，这西楚国的政权结构是怎样的？他的领班丞相是谁？西楚的封地广达九个郡，项羽是怎样对它们实行管理的？项羽是如何建设后方的？是如何发展经济的？是如何开展外交的？甚至项羽是如何解决他的粮草与兵员，是如何指挥他的部将，以至于战前有何谋划、战场如何指挥，他的前锋、后卫、左右翼是如何配置等等，通通没有。这可能吗？当然不可能。不是项羽没有做，而是司马迁没有写。司马迁只是粗线条地、泼墨式地、抒情性地展现了项羽不朽的历史功勋、诚实正直的人品、潇洒自然的胸襟，以及他那与世长存的战神的威灵。似乎再写别的就太琐碎、太世俗、太渺小，就不能突出项羽之为项羽了！《项羽本纪》绝对是司马迁的抒情之笔，它留给人们思考的事情太多了。

一、项羽是反秦英雄，但司马迁有的评价似乎偏高

公元前 209 年七月，陈涉发动起义。陈涉的首创之功巨大。在陈涉的号召下，反秦之火烧遍黄河南北，并有一支西征军打到了咸阳郊区。至前 208 年十二月，坚持了六个月的农民起义军失败，陈涉被杀。

项羽和刘邦都是在前 209 年九月起义的。前 208 年二月项梁、项羽率军渡过长江、淮河来到苏、鲁、皖、豫的交界

地区，拥立了楚怀王，一时间陈涉的旧部吕臣以及范增、黥布、刘邦、张良等各路云集，声势大振。这时反秦义军的领袖，名义上是楚怀王，实际上是项梁。

前208年八月，项羽与刘邦携手反秦，取得了辉煌战果，杀死了任三川郡守的秦丞相李斯的儿子李由，并一度挫败了曾破杀陈涉的秦朝大将章邯的军队，使起义军出现了第二个高潮。但不久由于项梁的骄傲轻敌，招致兵败被杀，于是反秦起义军又突然陷入了低谷。

前208年的后九月，楚怀王在起义军严重受挫的情势下，自己抓起兵权，进行整编，重新部署，分兵两路：一路以宋义为大将，带领项羽、范增等北上救赵，因为当时起义军初建的赵国正被秦朝大将章邯、王离等围困，形势危急。宋义在北进途中被项羽所杀，项羽夺得兵权，自称上将军，渡黄河救赵，于前207年的十二月，破秦军于巨鹿（今河北平乡县西南），威震天下。巨鹿胜利的意义有三：一是消灭了秦军的主力；二是促成了秦政权的内部分裂，使其政变迭起；三是为刘邦南路的西进创造了有利条件。接着到前207年的七月，章邯等率部投降项羽，项羽的势力空前壮大。项羽之所以被称为反秦英雄，关键就在于巨鹿这一仗。

另一路是以刘邦为大将，率军西攻咸阳。刘邦的路线是由东向西，先是攻下开封，又打到颍川，而后转攻南阳，西入武关。他们通过谈判，取得了南阳守军的归附；前207年八月，刘邦攻入武关；前207年九月，刘邦大破秦军于峣关，接着又追击、大破秦军于蓝田。这是《史记》中描写的刘邦本人亲自指挥的最光辉的战役。前206年十月，刘邦攻入咸阳，秦王子婴向刘邦投降。刘邦的西路破秦，共历时一年零两个月。

综合以上概述，我们应该如何分析项羽、刘邦的破秦之功呢？项羽在北路消灭了秦军的主力，影响巨大，其功自不可没，司马迁盛赞项羽，历代读史者称颂项羽，这都是应该的。但刘邦从南路的进军，是不是就比项羽的北路困难和风险少呢？读《项羽本纪》后给人留下的印象似乎是这样的。但司马迁却并不这样认为。他在《高祖本纪》中明确交代说："当是时，秦兵强，常乘胜逐北，诸将莫利先入关。"但即使如此，刘邦居然还是在项羽之前攻入了关中，并接受了秦王子婴的投降。其功不为小，应该说至少不在项羽的功劳之下。

司马迁在《项羽本纪》中推崇项羽，特别有几句过分夸大项羽的话，他说项羽是"三年，遂将五诸侯灭秦"，所谓"五诸侯"就是除楚地以外其他韩、赵、魏、齐、燕旧时五国，也就是指除秦国旧有的本土外，一切其他地区的反秦诸侯，这显然不符合事实。

说项羽在灭秦过程中有大功，是可以的，但不能说他是天下反秦诸侯的领袖，尤其不能说他是刘邦的领袖。司马迁对项羽的破秦之功如此表述，并给项羽立为"本纪"，这是司马迁带有浓厚感情色彩的独特看法。班固的《汉书·高祖纪》写韩信、英布等请刘邦即皇帝位的上书中说："先时秦为亡道，天下诛之。大王先得秦王，定关中，于天下功最多。"当然，这是来自刘邦部下的一种声音，但也不能说不是事实。项羽的势力确实比别路诸侯强大，但从名分上他与刘邦等人仍都是同等的一路诸侯，是一种各路头领间的合伙协商，而不是像周天子那样的"分裂天下，而封王侯"。至于说"号令天下，政由羽出"，就更为勉强了。前206年四月，各路诸侯自咸阳分散回国，不到一个月，齐国、赵国与彭越等人就举起了反项的大旗；随后刘邦收复关中，雍、塞、翟三国被刘邦所灭；不久，河南王、魏王、殷王都投归刘邦，连项羽的嫡系九江王英布也坐视项羽的彭城被刘邦攻克而不顾。所谓"号令天下，政由羽出"云云，究竟又有多少实际可言呢？我觉得《项羽本纪》一文的主观色彩太强，容易影响史实的客观性，读这段史料时应该特别注意这一点。

二、鸿门宴的真相与这段文字写法之特殊

鸿门宴的故事发生在公元前206年十二月，其大致情节是：刘邦入关灭秦的两个月后，项羽率军赶到关中。项羽有兵四十万，驻扎在鸿门；刘邦有兵十万，驻扎在霸上。项羽

的谋士范增建议项羽趁早攻击、消灭刘邦，以夺取关中王的名号。项羽的族人项伯与刘邦的谋士张良是朋友，项伯连夜往告张良，想劝张良及早逃走；结果张良拉着项伯见刘邦，很快项伯被刘邦收买。项伯回营后帮着刘邦说好话，说得项羽取消了攻杀刘邦的决定。第二天一早，刘邦带着张良、樊哙等来见项羽，见面后一套奉承讨好的话更让项羽消减了与刘邦的敌对情绪。宴会开始后，范增又几次示意项羽杀刘邦，项羽不听；范增又找来勇士项庄，让项庄在宴会上舞剑，寻机杀刘邦；项伯知其意，遂挺身与项庄对舞以掩护刘邦；张良见情势紧急，遂出帐叫来了刘邦的卫士樊哙。没想到项羽一见樊哙就从心里喜爱，他让樊哙喝酒吃肉，于是樊哙又趁机将刘邦、张良预先安排的辞令当众大声地说了一遍，这就使项羽彻底解除了与刘邦的敌对心理，最后让刘邦脱离险境，回到了霸上军营。

作为中国历史上第一次出现的两支同盟军在打败共同的敌人后，由盟友转向相互争夺统治权的转折点上的一场斗争，司马迁将其展现得非常生动、非常精彩。司马迁把项羽写得有情有义、忠厚诚实；而把刘邦集团写得有心机、耍手段，从而让读者对项羽未杀刘邦，以致日后被刘邦所败的结局产生种种同情。这是司马迁《项羽本纪》给人们的印象。实际情况未必如此。我们试看以下几个方面的情况：

首先，我们先看刘邦在灭秦后都做了些什么：

其一，前206年十月，刘邦进入咸阳后，没有住在咸阳宫，而是还住于霸上军营。

其二，废秦苛政，约法三章。《高祖本纪》说：刘邦"召诸县父老豪桀曰：'父老苦秦苛法久矣，诽谤者族，偶语者弃市。吾与诸侯约，先入关者王之，吾当王关中。与父老约，法三章耳：杀人者死，伤人及盗抵罪。余悉除去秦法'"。

其三，不杀秦王子婴，让秦国的各级官吏各安其位，并派部下到各地宣传自己的政策主张，迅速稳定关中秩序。

司马迁在《史记》中写刘邦多有挑剔、厌恶之情，唯写刘邦入关一段，是衷心称赞。

我们再看项羽入关前都做了些什么：

前206年十一月，项羽听到刘邦已入关灭秦的消息，赶紧统领大军风风火火地奔向关中，与刘邦争夺关中王。《项羽本纪》写此说：

到新安。诸侯吏卒异时故繇使屯戍过秦中，秦中吏卒遇之多无状，及秦军降诸侯，诸侯吏卒乘胜多奴虏使之，轻折辱秦吏卒。秦吏卒多窃言曰："章将军等诈吾属降诸侯，今能入关破秦，大善；即不能，诸侯虏吾属而东，秦必尽诛吾父母妻子。"诸将微闻其计，以告项羽。项羽乃召黥布、蒲将军计曰："秦吏卒尚众，其心不服，至关中不听，事必危，不如击杀之，而独与章邯、长史欣、都尉翳入秦。"
于是楚军夜击坑秦卒二十余万人新安城南。"

二十万人在今天的中国，只是一个小县的人口，但在"鸿门宴"那个时代是个什么数字呢？当时全国的人口也就两三千万，当时的关中地区总共也过不了二三百万人，项羽坑杀了十分之一，关中地区家家户户都是项羽不共戴天的仇敌。项羽在这样一种环境中怎样与刘邦争天下呢？

除以上双方的形势对比外，刘邦、项羽在彭城接受楚怀王的任务分道出发时，当时就有规定，谁先入关谁就为关中王，这对项羽在政治上是非常不利的。项羽如果不让刘邦当关中王，还要杀他，那么项羽在天下诸侯的众目睽睽之下，当何以自善其后？

刘邦的兵力比项羽少，自然不想首先开战；但在如此客观形势的对比下，项羽是不是就敢对刘邦首先发动进攻呢？

因此我们认为顺理成章的结论应该是：鸿门宴项羽不杀刘邦，不是不想杀，而是不能杀、不敢杀。清代郑板桥的《项羽》诗有所谓："新安何苦坑秦卒，霸上焉能杀汉王？"

鸿门宴项羽不杀刘邦，是双方妥协的结果。军事实力的对比，加上客观形势的对比，双方都没有绝对取胜的把握，都有妥协的需要，关键是刘邦必须先让出关中，而刘邦又做到了。鸿门宴项羽不杀刘邦是事前底下已经预定了的，不然，刘邦肯冒然前去么？刘邦可不是那种见义勇为、肯为什么信念而付出生命的侠义之士！

最后再说项伯。项伯究竟是以什么身份去找张良的，是个人行为吗？还是负有项羽的使命？《项羽本纪》先是说："楚左尹项伯者，项羽季父也，素善留侯张良。张良是时从沛公，项伯乃夜驰之沛公军，私见张良，具告以事，欲呼张良与俱去。"很像是个人的行为。但写到后来又有所谓："项伯复夜去，至军中，具以沛公言报项王。"如果是未经过允许的私自前去，何以又言"报项王"？项伯此行的最大成效是沟通了双方，为双方首脑会谈铺平了道路，使双方达成了相互妥协，作用巨大。

《项羽本纪》中的这段"鸿门宴"，大概是一个在历史事实基础上发展、传说起来的动人故事，其中民间加工的成分很多。但通过这些花哨的艺术加工，还是可以让人推测出一些真实历史的影子。但如果我们真地把其中的一言一语、一招一式都当成历史看，那就未免太迂了。

"鸿门宴"这段一千五六百字的文字出现在《项羽本纪》中，写法很特殊，它不是以项羽为本位，而是反客为主地变成了以刘邦为本位。它大篇幅地从刘邦、张良的角度进行铺陈描写，而把项羽扔到脑后，竟使这长长的一段文字里没几句提到项羽。凭着司马迁的文章功夫，难道他感觉不出这种写法有问题？我觉得这很可能是由于早在司马迁写作《项羽本纪》之前，社会上就已经流行着这样一个成熟的以刘邦、张良为主体的传说的段子，司马迁把它稍加改编收入了《项羽本纪》。这段故事本身很精彩，能独立成章，但放在《项羽本纪》中却总让人觉得有些割裂，它太细、太长，与前后文缺乏应有的统一。

三、写出了楚汉战争中刘邦胜利之必然，但司马迁的同情在项羽一方

鸿门宴后，项羽分封诸侯，到前206年四月大家离开咸阳，各去自己的封地。同年五月，齐地的田荣、赵地的陈余等起兵反项羽，项羽率兵往讨齐地。由于项羽的残暴、不讲政策，对已经杀死了齐王田荣、已经宣布投降项羽的齐地百姓仍杀戮不止，逼得齐地百姓只好重新拿起武器与项羽战斗，致使项羽陷入了与齐地人民战争的泥塘。正是趁着这个有利的时机，在这年的八月，刘邦按着韩信为他设计的蓝图，一举杀回并迅速、全部地收复了关中，前后只用了两三个月。接着刘邦又出关取得了今河南西部、北部，山西西南部的大片地区，而后率领着五十六万大军于前205年四月，一举攻入彭城。由于当时的形势发展太快，致使刘邦的头脑过度发热，完全处于一种忘乎所以的状态，于是项羽率三万精骑星夜由齐地驰回，大破刘邦于彭城下。刘邦的军队像潮水一样

溃退到荥阳。由于韩信等人在荥阳构筑了坚强的防线，才挫败了项羽的追击，双方形成对峙的局面。此后又经过两年多的反复争夺，双方形势转化，刘邦日强，项羽日弱，前203年九月双方订立鸿沟之约。项羽遵约撤兵，刘邦撕毁条约追击项羽，前202年十二月，刘邦大破项羽于垓下，项羽败死乌江。前202年二月刘邦称帝。前后历时三年多，真正的楚汉战争历时两年零八个月。

　　整个楚汉战争，司马迁对刘邦一方的叙述描写是全面、立体的，诸如天才的军事家韩信对项羽刘邦双方形势所做的高屋建瓴的分析、与为刘邦谋划的收复关中的谋略，其思想水平是很高的。又如张良在刘邦彭城失败、狼狈西逃之际，为刘邦指出的起用韩信、联合彭越、策反黥布等人的建议。于是刘邦派韩信开辟北路战线，韩信果然不负众望，三年内灭了五个国家，改变了刘邦、项羽力量的对比。萧何是刘邦后方的总管，他辅佐太子刘盈镇守后方，在积极组织后方的人力物力支援东方前线的同时，还把后方的政权建设，以及北方、西方的边境防务做得井井有条，从而使刘邦立于进可攻、退可守的有利地位；陈平是刘邦部下仅次于张良的心腹谋士，他对项羽阵营的文臣武将大力开展政治攻势，通过金钱收买、挑拨离间等手段，使大谋士范增被项羽驱逐致死，大将龙且、钟离昧被项羽怀疑，大司马周殷被策反，单是在项羽的亲属中就有五个人因为给刘邦当内奸而被刘邦封侯并赐姓刘。总之，刘邦是军事、政治、经济、外交、根据地建设等各项工作一齐开动，极大限度地孤立了敌人，同时发展壮大了自己。毛泽东评价说："项王非政治家，汉王则为一位高明的政治家。"司马迁尽管不喜欢刘邦，但他在《史记》中却又极其清晰地写出了刘邦作为一个成熟政治家的风度，与其不失时机所推行的一系列良好的政策与策略。因此，项羽的最终失败是早已注定了的。

　　尽管如此，司马迁对刘邦还是喜欢不起来，他总是忘不了随时随地地把刘邦的缺点挖出来向读者展示。他在《郦生陆贾列传》中让刘邦身边的卫士介绍刘邦的习性说："沛公不好儒，诸客冠儒冠来者，沛公辄解其冠，溲溺其中。与人言，常大骂。"他在《张丞相列传》写周昌进见刘邦的情景说："昌为人强力，敢直言，自萧、曹等皆卑下之。昌尝燕时入奏事，高帝方拥戚姬，昌还走，高帝逐得，骑周昌项，问曰：'我何如主也？'昌仰曰：'陛下即桀纣之主也。'"司马迁特别喜欢描写刘邦在战场上失败的惨相，他在《项羽本纪》中说刘邦在彭城被项羽军队围得里三层、外三层，他说当时多亏一股大风"从西北而起，折木发屋，扬沙石，窈冥昼晦，逢迎楚军。楚军大乱，坏散，而汉王乃得与数十骑遁去"。言外之意是如果当时没有这股莫名其妙的大风，即使有十个刘邦也得被项羽捉去。他说刘邦在逃出重围后，想绕弯到沛县把他的家属一起带上向西逃，结果太公与吕后早

史记应该这样读

已被项羽捉走了。他说刘邦在继续西逃的路上，"道逢得孝
惠、鲁元，乃载行。楚骑追汉王，汉王急，推堕孝惠、鲁元
车下，滕公常下收载之。如是者三"。可见刘邦的自私无情
到了什么程度！《项羽本纪》又写刘邦在荥阳突围逃跑时说：
"于是汉王夜出女子荥阳东门被甲二千人，楚兵四面击之。
纪信乘黄屋车，傅左纛，曰：'城中食尽，汉王降。'楚军
皆呼万岁。汉王亦与数十骑从城西门出，走成皋。项王见纪
信，问：'汉王安在？'曰：'汉王已出矣。'项王烧杀纪
信。"其实牺牲一些人，以保护首脑，历来如此：下象棋有
所谓"舍车保帅"，下围棋有所谓"弃子争先"，战场上、
危急时当然更是如此，关键不就看写书的人怎么写吗？但司
马迁对刘邦的这类表现总是不肯放过。

　　相反，我们看司马迁写项羽，情况就大不相同了。在司
马迁笔下，项羽首先是一位不畏强暴、敢于向统治者挑战复
仇的英雄，当他手无寸铁，还只是一个平头百姓的时候，
就能对着浩浩荡荡的秦始皇的车驾蔑视地说："彼可取而代
也！"这里表现的不是项羽想贪图什么，它表现的是一种大
无畏的气概，一种藐视秦始皇这个庞然大物的雄心，一种此
仇必报、与残暴统治者誓不两立的顽强意志。其次，项羽是
一位无坚不摧、无攻不克、百战百胜、有我无敌的战争之神。
当他大破秦兵于垓下，杀苏爵、虏王离的时候，清代郑板桥
的《巨鹿之战》诗称道他："项羽提戈来救赵，暴雷惊电连

092

天扫。臣报君仇子报父，杀尽秦兵如杀草。"

以上是指项羽带领大兵团作战而言，至于项羽个人在战场上的神奇，《项羽本纪》写刘邦、项羽对阵于广武涧的情景说："项王令壮士出挑战。汉有善骑射者楼烦，楚挑战三合，楼烦辄射杀之。项王大怒，乃自被甲持戟挑战。楼烦欲射之，项王瞋目叱之，楼烦目不敢视，手不敢发，遂走还入壁，不敢复出。"这是何等威武的战争之神！

当项羽东征彭越，刘邦的军队在荥阳一线取得某些胜利时，他们只要一听说"项羽又回来了"，不用见到人影就已吓得逃离阵地，"尽走险阻"；当项羽已完全转入劣势，接受了刘邦的鸿沟之约而引军东撤时，刘邦的军队乘势追了上来，于是项羽反戈一击，结果刘邦军竟又被"大破之，汉王复入壁，深堑而自守"。甚至项羽在最后只剩下二十来人的时候，对着刘邦的追将大喝一声，还吓得"赤泉侯人马俱惊，辟易数里"。有人说刘邦与项羽作战是"百战百败"，真是一点不假，刘邦的"恐项症"真可以算是病入膏肓了。郑板桥的《巨鹿之战》又说项羽："战酣气盛声喧呼，诸侯壁上惊魂逋。项王何必为天子，只此快战千载无！"项羽是为战而生，也为战而死！《项羽本纪》是一首正直无畏的战神的颂歌。

四、项羽在司马迁的"乌江礼赞"中获得永生

项羽的十万人在垓下一战被韩信基本消灭后，剩下不多的残兵败将被韩信军紧紧围住。这时项羽究竟还有多少人，司马迁没有说；在此之前，项羽的十万人是经过何等的浴血苦战，最后被韩信彻底打败的，司马迁也没有说。因为司马迁只喜欢写项羽的胜利，从来不写项羽作战的失败。尤其这次作战的双方，一个是司马迁倾心歌颂的悲剧英雄，另一个是司马迁深切同情的被刘邦灭掉三族的天才统帅。司马迁实在不愿意，也不忍心过多地铺陈他所歌颂和同情的两位英雄拼死相杀，于是他只用了"孔将军、费将军纵，楚兵不利。淮阴侯复乘之，大败垓下"二十一个字，就把这楚汉战争时两位最伟大的军事家之间的一场具有划时代意义的拼死搏斗轻轻淡化过去了。我们可以想象，当司马迁握笔写这二十一个字的时候，他的胸中该是何等地汹涌澎湃，该是何等地难以下笔啊！除此之外还有第二层，那就是他要积蓄力量、积蓄才华、积蓄情感，留着它们来写这最后的"乌江礼赞"。

按照一般历史的写法，既然项羽的十万人在垓下一战已经被韩信消灭，项羽此后也没有"忍辱奋斗""东山再起"的事实，那就可以简单地说"项羽的大军被消灭于垓下后，项羽曾突出重围，被汉兵追杀于东城"；或者说"项羽曾突出重围，且战且走，最后自杀或者被杀于乌江浦"。因为楚

汉战争的历史到此已经结束，说得再多，区分得再细，也没有多少历史价值。但司马迁不这样看。项羽是他心目中的伟大英雄，他是为了歌颂这位伟大英雄才写了《项羽本纪》这首"抒情长诗"。而这首"长诗"的顶峰不在巨鹿之兵，不在垓下之战，而是在"乌江礼赞"。"乌江礼赞"包括"垓下作歌""东城之战"与"乌江自刎"。

《项羽本纪》写疾风暴雨的垓下大战结束，项羽的一些残兵败将被韩信包围在垓下时，文章接着写道：

> 项王军壁垓下，兵少食尽，汉军及诸侯兵围之数重。夜闻汉军四面皆楚歌，项王乃大惊曰："汉皆已得楚乎？是何楚人之多也！"项王则夜起，饮帐中。有美人名虞，常幸从；骏马名骓，常骑之。于是项王乃悲歌忼慨，自为诗曰："力拔山兮气盖世，时不利兮骓不逝。骓不逝兮可奈何，虞兮虞兮奈若何！"歌数阕，美人和之。项王泣数行下，左右皆泣，莫能仰视。

宋代朱熹称赞项羽的垓下作歌说："慷慨激烈，有千载不平之余愤。"这时项羽还有多少人呢？我想四五千、五六千也许会有吧，但肯定是遍体鳞伤、饥肠辘辘、卧地不起、一息奄奄的居多。项羽的歌中更多的是艰难、是迷惑、是无奈，但没有恐惧、没有后悔、更没有怨天尤人。试想，《史记》中如果没有这段抒情性的动人描写，项羽还能在读者头脑中留有如此慷慨悲壮的印象么？

接着项羽组织了半夜时分的突围，司马迁的文章对此写道：

> 于是项王乃上马，麾下壮士骑从者八百余人，直夜溃围南出，驰走。平明，汉军乃觉之，令骑将灌婴以五千骑追之。项王渡淮，骑能属者百余人耳。项王至阴陵，迷失道，问一田父，田父绐曰"左"。左，乃陷大泽中，以故汉追及之。

项羽早在半夜就突围出去了，天亮后汉军才发现，说明项羽完全可以从容地逃脱。可恨的是项羽在问路时偏偏遇上了一个捣蛋的田父，是他欺骗了项羽，才使项羽陷入大泽，才让迟到的汉军追了个正着。司马迁为了让他的悲剧英雄在穷途末路时大显神通，于是写了项羽用他的二十八个人大战灌婴统领的五千人。他们冲进冲出，如入无人之境，光是项羽一个人就杀了汉军"数十百人"。

项羽边战边退地最后到了乌江边。司马迁的文章说：

> 于是项王乃欲东渡乌江。乌江亭长檥船待，谓

项王曰："江东虽小，地方千里，众数十万人，亦足王也。愿大王急渡。今独臣有船，汉军至，无以渡。"项王笑曰："天之亡我，我何渡为？且籍与江东子弟八千人渡江而西，今无一人还；纵江东父兄怜而王我，我何面目见之？纵彼不言，籍独不愧于心乎？"乃谓亭长曰："吾知公长者。吾骑此马五岁，所当无敌，尝一日行千里，不忍杀之，以赐公。"

项羽从半夜突围，历尽千难万险，好不容易来到乌江边，江边还刚好正有一只船，为什么项羽又突然改变主意不走了呢？唐朝诗人杜牧责备项羽没有上船逃走，他说："江东子弟多豪俊，卷土归来未可知！"宋朝词人李清照则赞扬项羽的不走，她说："生当做人杰，死亦为鬼雄。至今思项羽，不肯过江东。"看法尽管不同，但都认为项羽是能走而不走。其实这都是因为他们忽略了司马迁在前面已经向读者交代的一句话，项羽早在东城以自己的二十八个人向刘邦的五千人发起攻击时，就是在"项王自度不得脱"的前提下进行的。

既然"自度不得脱"，既然决定不再渡江，那就干脆好好地打出个样子来！而且从项羽的"天之亡我，我何渡为"；从项羽的"籍与江东子弟八千人渡江而西，今无一人还；纵江东父兄怜而王我，我何面目见之？纵彼不言，籍独不愧于心乎"这段话里，明确地表现了项羽的一种人生态度，这是司马迁为项羽最后涂上的最壮丽的一笔。如果没有这段话，则项羽的一系列活动，只不过是表现了死得从容而已；有了这段话就表现了项羽是要用他的死来殉自己的事业，来殉自己的部下，来殉一切曾经支持过自己、拥护过自己的千千万万人民大众，也包括两千年来读这段历史的百万千万读者；有了这段话就使项羽的最后战死成为了一种自觉的有意义的行为，这就是司马迁所说的"死有轻于鸿毛，有重于泰山"。

项羽和刘邦距今都已过去两千多年了，项羽的故事所以能如此家喻户晓，项羽的历史地位所以能如此之高，项羽的形象所以能如此令人喜爱，关键在于有司马迁的这篇《项羽本纪》，尤其是因为《项羽本纪》中这最后一段的"乌江礼赞"。

五、《项羽本纪》与《高祖本纪》的历史价值与文学价值

项羽兵败自杀后的两个月（前 202 年二月），刘邦登基做了皇帝，汉王朝四百年的封建统治正式开始了。回顾《史记》中有关项羽、刘邦的事迹，刘邦是成功者，他自然获得了"威加海内"、至高无上的神圣华贵的光环；项羽是失

败者，但通过司马迁的描写和演绎，他却更加赢得了当时与后代两千年广大读者的喜爱与同情。相形之下，失败者比成功者反而更加具有夺目的光辉。俗话说"成者王侯败者贼"，但在项羽、刘邦这里完全颠倒过来了。之所以出现这种现象，是因为在写项羽、刘邦这两个历史人物的时候，司马迁的立场情感偏向了项羽一方。司马迁喜欢项羽，同情项羽，他对项羽的历史功勋倾心歌颂，对项羽的人格魅力高度赞赏，尤其在写项羽末路的时候，司马迁倾注了全部的感情心力；至于项羽的残暴杀戮、项羽的没有政治头脑等等，司马迁也写了，但只是客观叙述，点到为止，没做更多的发挥。因此他既可以让读者从理智上认识项羽的本质，但引不起情感上的憎恶；司马迁由于讨厌刘邦，于是对刘邦的好酒好色、怯懦自私，以及不讲信义、出尔反尔等等都描写得很生动、很具体，甚至有些像是故意要嘲弄刘邦一下，所以才把他的故事写得那样龌龊不堪。但司马迁同时也清醒地写出了刘邦的雄才大略，以及那种能顺应潮流、顺应人心的政治家的气度，那种善于听取意见、择善而从，能团结五湖四海、能建起联合战线的领导者的胸襟。刘邦的这些长处表现在《高祖本纪》与汉初诸将相的列传中，其中除了破秦入关、入秦宫又退居霸上一段司马迁表现出了欣喜敬佩之情外，其他大多是客观叙述，故而读者读了有关刘邦的章节后，既能对其长处有正确的认识，又对其流氓痞子的情态印象更深。应该说，司马迁能做到这一步就已经很难能可贵了，这已经就是扬雄、班固所说的"不虚美、不隐恶"，就已经是很好的"实录"了。

　　司马迁是汉代伟大的历史家，同时又是汉代伟大的文学家，他写《史记》首先是受了孔子写《春秋》的影响，而孔子的《春秋》在汉代又是和《公羊传》《穀梁传》《左传》等解释《春秋》的著作混在一起而统称"春秋"的。司马迁在写史目的、写史方法上受了孔子的一定影响，但在如何写人、如何叙事方面更主要、更直接地是继承发展了《左传》的传统，而最突出地是发展、创造了以人物为中心的写作方式。而且由于司马迁的进步思想与其个人的特殊经历，遂使得《史记》不仅在思想内容的丰富与深刻上大大超过了《春秋》与《左传》，而且《史记》在叙述历史过程、描写历史场面和塑造人物形象方面取得了巨大、空前的成就。鲁迅曾称《史记》为"史家之绝唱，无韵之离骚"，就是指《史记》不仅有高度的真实性，还有高度的文学性。《史记》不仅是一道丰富多彩的古代悲剧英雄人物的画廊，而且《史记》是爱的颂歌、恨的组曲，是一首满含作者血泪的悲愤诗。司马迁既能坚持写出真实、客观的历史，又能不以个人的情感立场及其高度的文学性而改变历史人物、历史事件的基本真实，这是司马迁《史记》写作的成功。

吕后执政的历史教训

　　"吕后执政"包括惠帝刘盈在位的七年，和惠帝死后其子在位而实际由吕后包揽一切的八年，共十五年（前194—前180）。我们应该注意的是吕后与后来的武则天不同，她所执政的这十五年不仅前一段是用惠帝的年号，后一段也是用当时在位的小皇帝的年号，情况正与清代的慈禧专政，而年号仍是用"同治""光绪"相同。她有权不假，但却连一天"皇帝"也没有做，因此我们称之为"吕后执政"，而不说是"吕后在位"。

一、吕后执政的主要贡献

　　吕后干政、执政的十五年，她对国家的贡献主要有两方面：

　　其一是尽管匈奴对汉王朝有过挑衅，但她不对匈奴开战，一直维持着刘邦制定的和亲政策。惠帝在位的七年中，史书上有"以宗室女为公主，嫁匈奴单于"一条，而没有匈奴骚扰汉边境的记载，说明在吕后执政的前半段，汉匈之间的关系是平稳安定的。吕后执政的后半段，据记载，匈奴对汉王朝的挑衅有三次：一次是"匈奴寇狄道（今甘肃临洮）、攻阿阳（今甘肃静宁）"；一次是"匈奴寇狄道，略二千余人"；还有一次是匈奴冒顿单于给吕后写信，进行污辱调戏，说他"数至边境，愿游中国"；还说"陛下独立，孤偾独居。两主不乐，无以自虞，愿以所有，易其所无"。意思是说"你是寡妇，我是光棍，都是单身，咱们彼此凑合凑合吧"。吕后开始大怒，后来在群臣的开导下，还是说了一些温和讨好的话，并送给冒顿"车二乘，马二驷"，于是冒顿也就感谢吕后的讲"礼义"，"因献马，遂和亲"。此事见于《汉书·匈奴传》，《史记》中不载。

其二是在轻徭薄赋与废除残暴刑罚方面做了一些工作。关于前者，吕后曾在惠帝在位时下令"减田租，复十五税一"。在鼓励人口增长方面，早在刘邦在世时她就曾"令民产子，复勿事二岁"。凡是家里生了孩子，这家的男人就可以两年不服劳役。到惠帝时，她又下令"女子十五以上至三十不嫁，五算"。五算就是上交七百五十文铜钱的罚款。意思还是鼓励早结婚、早生子，以利于人口增殖。废除残暴法令方面，在吕后独揽大权的第一年就下令"除三族罪、妖言令"。唐代颜师古对于这条命令解释说：“罪之重者戮及三族，过误之语以为妖言，今谓重酷，皆除之。”

司马迁对吕后干政、执政的这十五年历史，充满歌颂地评价说：

　　“孝惠皇帝、高后之时，黎民得离战国之苦，君臣俱欲休息乎无为，故惠帝垂拱，高后女主称制，政不出房户，天下晏然。刑罚罕用，罪人是希。民务稼穑，衣食滋殖。”

后人评价吕后的过失，总爱说她的“封王诸吕”，其实这根本不该算是吕后的过错。刘邦做皇帝时，可以封他的兄弟子侄为王；吕后执掌国政，怎么就不能封她的兄弟子侄为王呢？更何况吕后的兄弟都是跟着刘邦打天下立有汗马功劳的，他们显然要比刘邦的那些儿子们更有贡献、更有资格。

二、吕后执政的历史教训

吕后执政的失误是很多的，关键问题出在她的狭隘自私、报复性强、目光短浅，完全没有作为一个政治家的气质与风度。主要表现在以下几方面：

其一是吕后与功臣们结冤过深。韩信、彭越的才干、功劳、地位，都是吕后所惧怕的，她怕刘邦死后，她与儿子刘盈都无法驾驭他们，故而她要趁刘邦在世时，借着刘邦的威望赶紧把他们除掉，于是韩信、彭越、黥布都是在刘邦去世的前一年被杀的。吕后害怕功臣，想杀一批的心思肯定是有的，但司马迁说是想要"尽诛"，显然是过于夸张了。因为刘邦的功臣中也有一部分是姓吕的；还有一部分，虽然不姓吕，但他们在刘邦生前就已经向吕后讨好和靠近了，如陈平、周勃等就属于这一种，吕后再残酷，也不可能想把这些人杀掉。但这里表现出来的吕后与功臣之间矛盾之尖锐是可以想见的。

其二是吕后在处置戚夫人与赵王如意的事情上报复性过强，手段过于残忍。吕后是刘邦的原配，其子刘盈是刘邦的嫡长子，早在刘邦为汉王的第二年就已经被立为太子，与萧何一道留镇关中。但刘邦在被项羽封为汉王，驻兵于汉中时，又得到了戚姬，生了儿子如意，于是母子受宠。但由于整个楚汉战争期间，吕后一直是在项羽的俘虏营中，所以不存在妻妾矛盾的问题；等到项羽被灭，刘邦称帝，吕后回到刘邦的身边，这妻妾之间的矛盾才尖锐起来。戚姬年轻受宠，刘邦外出总是把她带在身边；吕后年纪大，总被放在后方留守。刘邦确实想过要废掉吕后与刘盈，但一直犹豫不决；直到刘邦死前的几个月才最后拿定主意不废了。这里边的深层原因正如宋代吕祖谦《大事记》所说："存吕后为有功臣，存功臣为有吕后，此高祖深意也。"当然，吕后与太子刘盈的地位一经确定，那么戚夫人与赵王如意的死期也就不远了。事实果然如此，当刘邦一咽气，吕后立即非常残忍地杀了戚夫人，接着又毒死了年仅十岁的刘如意。吕后的报复心如此之强，手段如此之残忍，其心情我们是可以理解的。现在是吕后得了势，所以戚夫人与赵王如意都是死路一条。相反，如果是戚夫人得了势呢？那么吕后与太子刘盈不也是死路一条了吗。问题在于如果吕后当时能有点政治头脑的话，等刘邦已死，她与自己儿子的地位都已经确立后，如果她能对戚夫人与刘如意都网开一面，宽大为怀，那么这对于争取刘邦家族向她归心、靠拢，将会起到何等的作用呢。可惜吕后不懂这一点。

其三，由于吕后的极端狭隘自私，严重地摧残了她的亲生儿子惠帝刘盈。吕后只有惠帝这么一个亲生儿子，她本来是全心全意、千方百计维护这个独生儿子的利益的。抛开她们母子间的天性不谈，即使从个人利益的角度考虑，她也必须维护这个儿子。古语说"母以子贵"，她之所以能成为皇后、皇太后，不就是因为有刘盈这个儿子吗？可是她把她对亲生儿子刘盈的爱，都变成了"迫害"。如果说当初吕后痛恨戚夫人与其子刘如意是为了维护其子刘盈皇位继承权的话，那么在惠帝继位之后，吕后再残忍地施虐于戚夫人与刘如意，就已经是严重地伤害到惠帝的人格尊严了；更何况由于吕后对刘邦生前对她的忘情不满，因而对其他女人为刘邦生的儿子也一一怀恨在心，她接着又杀了刘友、刘恢，又差点毒死刘邦的庶长子刘肥。吕后的这种灭绝人性的凶残让惠帝刘盈无法忍受，他痛苦地说："此非人所为。臣为太后子，终不能治天下。"就这样，吕后竟把一个善良的汉惠帝活活折磨死了，死时年仅二十三岁。

吕后对惠帝的另一种严重摧残是逼着刘盈娶他亲姐姐鲁元公主的女儿为皇后，目的是"肥水不流外人田"。惠帝初即位时十七岁，结婚时，他姐姐生的这位小皇后只有六七岁。这一方面使皇帝刘盈处于非常难堪的地位，另一严重问题就是由于亲缘关系太近，使小皇后根本无法生育，使得惠帝没有嫡子。这在当时的确是大麻烦，但也还不是不能解决，如果吕后让小皇后从其他嫔妃生的儿子中选择一个抚养起来，让两个女人共同辅佐这个孩子，这种做法不是历代有很多吗？但吕后不行，她非要坚持让她的外孙女独享"太后"之名，她让皇后弄来一个别的嫔妃所生的孩子，而把孩子的母亲杀掉，假说这个孩子是皇后自己生的。等到惠帝一死，太子继位为皇帝。小皇帝后来听说自己不是皇后生的，他的生母早已被杀，于是很生气，发誓日后要报仇。吕后怕他日后作乱，于是又把这个小皇帝杀死，另立了第二个小皇帝。在此前后，吕后还杀害了刘邦的另两个儿子刘恢、刘友，这些更增加了刘氏宗室与吕后之间的尖锐对立。

其四，吕后执政的严重失败是在关键时刻她又踢开了周勃、陈平。周勃、陈平早在刘邦晚期就已经看出了日后吕后必然掌权的苗头，就已经在尽力向吕后献媚讨好，为自己日后的道路做铺垫。

周勃、陈平由于迎合吕后，为吕后帮了大忙，故而吕后给了他们优厚的回报：任命陈平为第一丞相，因为第二丞相审食其经常居于宫里，像个郎中令一样地只管侍候吕后，故而处理国家政事的大权实际上归于陈平一人。吕后又设立太尉官，任周勃为太尉，掌管全国武装，统领护卫京城的北军。

这些安排本来都不错，都能得到朝野各种势力的认可，对于维持政局的稳定很有好处。但到吕后病危要安排后事的时候，她的思想又起了变化。《吕后本纪》说："七月中，高后病甚，乃令赵王吕禄为上将军，军北军；吕王产居南军。……以吕王产为相国。"对于这两行字，我们要特别注意：吕后让吕禄为"上将军"，就是让吕禄的地位居于诸将之上，而且让他统领北军、统领护卫宫廷的部队。这一来，周勃的"太尉"就自然下岗了，军权也被剥夺。吕后让吕产统领南军，同时任相国，"相国"比"丞相"位尊而权专。"相国"一经设立，陈平的"丞相"自然也就解除了。尽管这些都没有明说。

周勃、陈平由于帮着吕后实现一切愿望，因而成为吕后时代的红人、成为军政大权的最高执掌者，他们本来是很满意的。现在二人一下子被架空，一点儿权力没有了，成了闲人，这逼得他们不得不另谋出路。

其五，周勃、陈平被逼上梁山，吕氏家族被彻底杀光。吕后在其执政的前半期，因为身边有她的儿子存在，她心里还是踏实的；惠帝死后，吕后也还是寄希望于她的孙子少帝。待至少帝因表露不满被吕后所杀，朝廷重新立少帝之弟刘弘为皇帝时，吕后开始感到渺茫，感到缺乏依靠了。她知道自己是坐在火山上，功臣们是恨她的，刘氏宗室也是恨她的，能够和她一条心、和她利益相关的只剩下吕氏家族的一小撮，但他们平素的威望与处理重大事件的能力显然无法与宗室诸王与功臣元老相比。日后的路子在哪里？是继续拥戴眼下在位的小皇帝呢？还是改立一个什么人？还是把刘家的政权过户给吕氏家族呢？前两条她都无心干，后一条她又知道肯定是不能干，因为那必将遭到"天下共诛之"的下场。她黔驴技穷，欲哭无泪，一筹莫展。她只把吕产、吕禄叫到跟前，嘱咐他们一要抓紧军队，二要把持住小皇帝。有军队就有你们自身、你们家族的安全；有小皇帝就可以"挟天子以令诸侯"，谁反你们，谁就是造反。可惜吕禄、吕产这两个不肖子弟一项也没有抓住，待吕后一死，吕氏家族就被刘章、周勃、陈平所发动的政变杀了个一干二净。

这场消灭诸吕的紧张剧烈斗争，发生在公元前 180 年的闰九月，也就是吕后咽气后的第二个月。

　　其六，刘邦的儿子代王刘恒坐获渔人之利。吕氏家族被周勃、陈平、刘章等一个不剩地杀光后，该拥立谁来做皇帝呢？大家的想法不同：

　　根据当时的宗法制，可以继续拥立在位的小皇帝，他是惠帝的儿子，顺理成章。但这一条为一切参与政变者所反对，他们认为这个小皇帝仍属于吕氏一党；再有就是从刘邦现有的儿孙中找一个，当时刘邦尚有儿子刘恒、刘长；刘邦的长孙则有刘肥之子刘襄。朝廷里的刘姓宗室是拥护刘襄的，此次平定吕氏功劳最大的刘章是刘襄之弟，而实际上也是刘章最早与其兄定谋，令其兄在齐国起兵以造成这次政变的外部局势。但周勃、陈平与刘泽反对立刘襄，因为刘襄英武有为，又有强大的齐国为依托，这样的人上台后，周勃、陈平等人无法控制；他们的想法是从刘邦的儿子中挑一个平时最不引人注目、最没有势力、最没有人脉根基的，这样的人上台后腰杆不硬，会对周勃、陈平感恩戴德，这样就便于他们控制了。于是他们选中了代王刘恒。刘恒是刘邦一个不受宠爱的妃子所生，母子皆善韬晦。刘邦封诸子为王，刘恒选择了偏僻艰苦的代国，国都即今山西的平遥古城。刘恒与其母薄氏都崇尚黄老之学，讲究谦退无为，也正因此才躲过了当年吕后的妒忌与迫害。当京城发生政变的时候，刘恒早就在平遥静观形势，坐伺良机。当朝廷的使者一到平遥，刘恒等经过一番商讨，立刻乘"六乘传"飞车进京。当周勃、陈平率领百官到长安城外的霸桥迎接新皇帝、请求与刘恒单独交谈时，刘恒让左右回答他们："所言公，公言之；所言私，王者不受私。"第一次见面就给周勃、陈平来了一个下马威。这一天是公元前180年的闰九月二十九。

当天晚上刘恒就住进了未央宫，并立刻下令任命他的心腹宋昌为卫将军，统领南北军，把周勃的兵权接了过来；并于当夜下令把皇宫里的小皇帝，以及小皇帝的几个弟兄通通杀死，以绝后患，并宣布他们都不是惠帝的孩子，而是吕家的孩子而后进到惠帝宫里来的。为什么要如此诬蔑呢？因为不这么说就没法杀他们，不杀这些惠帝的儿子，刘恒就会留一个他继承大统是否合法的问题。此外，刘恒对待有大功的刘襄、刘章兄弟不仅不感激，反而极力打压，致使刘襄、刘章兄弟都抑郁气愤地在一两年内相继死去；在对待周勃的问题上，刘恒由疑虑到斥逐，致使周勃整天心怀恐惧地死在了他的封地上。这反映了统治集团内部矛盾的尖锐与微妙。

总之，在这场尖锐、剧烈的矛盾杀戮中，周勃、陈平与皇帝刘恒都有许多自私的、不够光明磊落的行径，但他们毕竟是用最少的力量解决了大问题，维持了国家政权的稳定，避免了一场更大规模的内战，其历史功勋是巨大的。而西汉王朝也从此进入了一个平稳发展、日趋兴旺的时代，这就是史书上所说的"文景之治"。

"文景之治"与其神圣光环下的黑暗

　　文帝刘恒是刘邦的庶子，于汉高祖十一年（前196）被封为代王，国都即今山西的平遥古城。高后八年（前180）九月，吕后死，周勃、陈平等诛灭吕氏家族后，迎立代王刘恒为皇帝。文帝在位二十三年（前179—前157），文帝之子景帝在位十六年（前156—前141），两位皇帝总共在位三十九年。在这三十九年间，西汉王朝的统治比较稳定，经济发展比较迅速，黎民百姓的生活比较安定，历史上称颂这一段时间为"文景之治"。

一、文景之治的主要内容

　　"文景之治"在中国古代历史上是一个非常响亮、非常神圣的称呼，享誉两千年，被称为古代的"盛世"。它究竟好在哪里呢？现分为以下几点阐述：

（一）争取汉王朝与周边少数民族维持一种相对和平的状态

汉王朝建立以来，对其边境不断进行骚扰与发动进攻的主要是匈奴。汉王朝早在刘邦时代就与匈奴建立了和亲关系，在吕后执政时期继续保持着这种关系。到文帝在位的二十多年间，是匈奴对汉王朝侵扰、进攻最多的时期。在这段日子里，匈奴单于不止一次给汉王朝写过信，汉文帝也不止一次给匈奴人写过信，还派出过公主和亲，但都没有解决问题。其原因主要有两点：其一是匈奴人在文帝初期曾征服了许多西域的小国（在今新疆境内），因而气焰比较嚣张。其二是文帝在将诸侯女以公主名义北嫁匈奴时，派宦者中行说陪伴前往。中行说不肯去，汉文帝非要他去。于是中行说含恨而行，一入匈奴就成了匈奴的军师，千方百计地帮着匈奴与汉王朝为敌。终文帝之世，汉王朝是坚持奉行和亲政策，力争不打仗的；每当匈奴撕毁和约，进犯边境，汉王朝也就是调集大军将其赶走而已，从没有深入敌境追击，更没有先发制人地主动出击。这就是班固《汉书·文帝纪》所说的"与匈奴结和亲，后而背约入盗，令边备守，不发兵深入，恐烦百姓"。

到了景帝在位的十六年间，史书记载，汉王朝曾三次派公主北嫁匈奴，匈奴侵扰汉王朝共两次。正如《史记·匈奴列传》所说："孝景帝复与匈奴和亲，通关市，给遗匈奴，遣公主，如故约。终孝景时，时小入盗边，无大寇。"文帝、景帝都是严格奉行和亲政策的皇帝，他们思想上都崇尚黄老之术，崇尚清静无为，主张以静制动，舍小节，顾大局，以保存民力，保证有效的休养生息。

（二）文帝、景帝在生活上带头俭朴节约

《史记·孝文本纪》叙述文帝的生活情景说：

> 孝文帝从代来，即位二十三年，宫室苑囿狗马服御无所增益，有不便，辄弛以利民。尝欲作露台，召匠计之，直百金。上曰："百金，中民十家之产。吾奉先帝宫室，常恐羞之，何以台为？"上常衣绨衣，所幸慎夫人，令衣不得曳地，帏帐不得文绣，以示敦朴，为天下先。治霸陵皆以瓦器，不得以金银铜锡为饰，不治坟，欲为省，毋烦民。

《汉书·文帝纪》在叙述文帝的生活时基本上抄录了这段文字。他的居住条件都是沿用了前辈留传下来的宫室，连一座只需花费百金的露台也没有新建。他的园林猎场不仅没有新增，而且每遇灾荒年头，还把那里的门户打开，让百姓进去耕种。他不仅自己身体力行，而且要求身边的所有人也都这样做。他在为自己预建陵墓时，要求不改变那里的山岗、河流、树木的原有面貌，只从旁边挖个洞口能把棺材送进去就行了。他要求殉葬品一律使用陶器瓦器，不用任何金银铜锡做装饰。下葬后封好洞口完事，不再堆土成丘。

景帝元年所下的诏书说到文帝俭朴节约的圣德时有所谓"减嗜欲，不受献"。地方的官员王侯利用适当时机，以各种名目给皇帝、给朝廷、给各层上级长官送礼，借以求得提拔、求得恩赏、求得开恩免罪等等，花样繁多，深不可测。文帝深知此弊，故一再申令禁止，用心可嘉。

还有一项是司马迁上文没有提到的，这就是削减身边的仪卫，削减那些摆架子、摆阔气的无用排场。文帝元年下诏说："今纵不能罢边屯戍，而又饬兵厚卫，其罢卫将军军。太仆见马遗财足，余皆以给传置。"意思是裁掉一部分御林军，皇宫里的马匹留下够用的就行了，剩余的都补充到驿站上去。后六年又下诏说："弛山泽，减诸服御狗马，损郎吏员，发仓庾以振贫民。"意思是放松对山林湖泊的管制，允许百姓去开采捕捞；降低自己的生活标准，减少身边的服务人员，打开国库以救济贫民。

以上所说都是文帝的事情，景帝的具体生活情况史书记载不多，大体上应该是继承了其父的样子。故《汉书·景帝纪》赞说：

> 汉兴，扫除烦苛，与民休息。至于孝文，加之以恭俭，孝景遵业，五六十载之间，至于移风易俗，黎民醇厚。周云成、康，汉言文、景，美矣！

（三）鼓励农业生产，减轻农民负担，救济鳏寡孤独及穷困之人

在这方面，文帝、景帝都做了很多工作。文帝二年正月下诏说："农，天下之本，其开籍田，朕亲率耕，以给宗庙粢盛。"意思是我要亲自耕种一块示范田，以给全国农民做表率，收获的粮食用来祭祀祖先。文帝十三年二月又下诏说："朕亲率天下农耕以供粢盛，皇后亲桑以奉祭服，其具礼仪。"意思是我要为全国农民做表率，我用我亲自生产的粮食作为祭祀祖先的供品，用皇后亲自养蚕织出的衣料制成祭祀大典的礼服，要制定出一套相应的礼仪，形成制度。景帝于其三年（前154）正月也下诏说："农，天下之本也。黄金珠玉，饥不可食，寒不可衣，以为币用，不识其终始。间岁或不登，意为末者众，农民寡也。其令郡国务劝农桑，益种树，可得衣食物。"

文帝二年（前178）下诏说："农，天下之大本也，民所恃以生也，而民或不务本而事末，故生不遂。朕忧其然，故今兹亲率群臣农以劝之。其赐天下民今年田租之半。"意思是农业是立国之本，没有农业谁也不能活。有些人舍本逐末，荒废田园，我今天带头从事农业活动，就是要纠正这种偏颇。我命令减免全国农民今年租税的一半。汉代从刘邦时起规定农民"十五税一"，也就是收十五斗交一斗。文帝减免一半，就是"三十税一"了。十三年（前167）六月，文

帝又下诏说："农，天下之本，务莫大焉。今勤身从事而有租税之赋，是为本末者毋以异，其于劝农之道未备。其除田之租税。"意思是说农业是天下之本，但现在的政策是让种地的农民与从事工商业活动的人一律交税，这岂不是让从事本业的与从事末业的没有区别了吗？这对于发展农业不利。因此我要免除全国农民的一切税收。

文帝、景帝时期在国家遇到灾荒时，都及时采取一些救急的办法，如《汉书·文帝纪》记载说："大旱，蝗。令诸侯无入贡。弛山泽，减诸服御，损郎吏员，发仓庾以振民。"景帝元年正月下诏说："间者岁比不登，民多乏食，夭绝天年，朕甚痛之。郡国或硗狭，无所农桑系畜；或地饶广，荐草莽，水泉利，而不得徙。其议民欲徙宽大地者，听之。"这是一项很好的措施。当时人口稀少，全国也过不去两三千万人，而黄河流域、长江流域的土地多得是，那些受灾的地区，那些贫瘠土地上的穷人，何不趁机迁到一个土地肥沃的地方生活呢？只要国家给他们稍加指点、安排，问题就可以解决了。

文帝、景帝还对鳏寡孤独这些社会上的弱势群体予以特别关怀，文帝元年下诏说："方春和时，草木群生之物皆有以自乐，而吾百姓鳏寡孤独穷困之人或阽于死亡，而莫之省忧。为民父母将何如？其议所以振贷之。"其十三年又下诏："赐天下孤寡布、帛、絮各有数。"

文、景时期又特别关心老人。文帝曾下令说："老者非帛不暖，非肉不饱。今岁首，不时使人存问长老，又无布帛酒肉之赐，将何以佐天下子孙孝养其亲？今闻吏禀当受鬻者，或以陈粟，岂称养老之意哉！具为令。"于是在朝廷的督促下，各县各道都制订了体恤老人的特别规定："年八十已上，赐米人月一石，肉二十斤，酒五斗。其九十已上，又赐帛人二匹，絮三斤。赐物及当禀鬻米者，长吏阅视，丞若尉致。不满九十，啬夫、令史致。二千石遣都吏循行，不称者督之。"具体规定了对八十以上的老人如何关照，对九十以上的老人如何关照；而且要求县令、县长亲自过问这些事情，要责令县丞、县尉或啬夫、令史亲自把这些东西送上门去；各郡国的太守与诸侯国相要派人巡视检查。

　　一个高高在上的封建皇帝，竟能如此充满感情地想到，并如此细致具体地安排解决问题，真令两千年后的读者感到心头热呼呼的。

　　（四）在减轻刑罚，坚持依法办事方面取得了较好的效果

　　一个时代的司法好坏要看两个方面，其一是看实行的"法典"本身是否过严或过宽；其二是看当时的执法队伍是否能够严格地"奉法循理"，严格地依照法律条文办事。二者当中尤其以后者更难办。《史记》《汉书》中都有《循吏列传》与《酷吏列传》，二者之间的区别不在于法典本身的宽严，而在于是否"奉法循理"照章办事。文、景时期在这两个方面都做了一些工作，取得了一定的效果。

其一，文帝、景帝都废止了一些残暴的刑法。如文帝二年（前178），废除了惩治"诽谤、妖言"的命令，又废除了"收孥、相坐"法。"收孥、相坐"，也就是"株连灭族"。惩治"诽谤、妖言"与"株连灭族"是秦朝的酷法，早在吕后执政第二阶段的第一年就已经下令废除了。大概是在吕后末年与文帝即位初期，朝廷刚刚经历了一场血腥的政变，人心浮动，故而有人主张重用此法，以利于维持社会的稳定，但文帝坚持废除了这两项。

汉景帝中元元年（前149）下令说："改磔曰弃市，勿复磔。"意思是废止把人剁成碎块的"磔"刑，而改为"弃市"。把人剁成碎块也是从秦朝传下来的酷刑，一直用到汉初。"弃市"就是把犯人拉到市场杀头或者腰斩，汉景帝的这项变更显然是较好的。

其二，文、景二帝都在整顿司法队伍、提倡"奉法循理"、惩治违法乱纪方面做了许多工作。司马迁在《史记》中歌颂了文帝时期的一位优秀执法官员张释之。张释之的执法一方面是不避权贵，大公无私。当皇太子与其弟梁王乘车闯司马门，犯了禁令的时候，张释之毫不留情地将他们扣押了起来。直到皇太后出面求情，汉文帝亲自为儿子道歉，张释之才释放了他们。当汉文帝捉到了一个违反戒严令，冲撞了皇帝车驾的农民，想让张释之判他死刑的时候，张释之依据法令条款将他判为罚款。当汉文帝捉到一个偷盗刘邦庙里玉环的小偷，要张释之判这个小偷灭族时，张释之依照法律条文只将这个小偷判了个死刑。当汉文帝不满意地谴责张释之时，张释之说："法者，天子所与天下公共也。今法如此而更重之，是法不信于民也。……今既下廷尉，廷尉，天下之平也，一倾而天下用法皆为轻重，民安所措其手足？唯陛下察之。"为了维护法律的尊严，张释之宁可得罪皇帝，也决不随着皇帝的心意而枉法以徇其私。而汉文帝也接受了张释之的意见，同意了张释之的做法，这是很不容易的。司马迁在这里歌颂张释之，是和在《酷吏列传》批判武帝时代张汤、赵禹那种一味看着武帝脸色行事的执法相互对照的。

《汉书·刑法志》写文帝时期的司法还有所谓"选张释之为廷尉，罪疑者予民，是以刑罚大省"。"罪疑者予民"虽只有五个字，却涉及了一条重要的司法原则。当一个人犯罪的证据不清楚或存在疑问时，是按照有罪对待，还是按照无罪对待呢？中国两千多年的司法都是取前者。也就是说一个人一旦被刑拘，他就立刻成了罪人，剩下的事情就是千方百计地让他自己"承认"了。而汉文帝居然能"罪疑者予民"，也就是凡不能定案的都只能按无罪处理。"罪疑者予民"与"罪疑从轻"是一个意思，这就很接近现代社会的文明司法了。

文帝、景帝还在整顿司法队伍、平反冤假错案、严查与惩办官员犯罪等方面做了工作。大致包括以下几点：一是整顿司法队伍的贪赃枉法、官匪勾结、不守法令、诬陷好人问题；二是纠正"以苛为察，以刻为明"的宁左勿右、酷法害民问题；三是平反冤狱，重新审理那些虽已定案，而当事人并不心服的案件；四是对那些在其位而不谋其政、居官而不做为的人，进行举报、弹劾。

此外，还严令禁止各级长官接受所辖地区、所管部门的请客、送礼，以及相互提供各种赚钱获利的方便之门等等。

读历史读到《史记》《汉书》的《文帝本纪》时，的确有一种很温暖、很开心的感觉，看来此后历代对"文景之治"所做出的那些赞誉的言论、那些歌颂的诗文、那些搬演不休的说书唱戏，的确不是偶然，的确有值得后人认真研究、学习的东西。

二、神圣光环下的黑暗与残暴

以上有关"文景之治"的介绍，基本是根据封建统治者的诏令与当时史官的记载而来，这里边有一部分是在不同程度上反映了当时的社会现实，但肯定也有一部分是片面的或是被夸大出来的泡沫。今天的读书者应该去伪存真地进行一些分析，以求对它认识得更深刻、更全面，也就是要看到在这种神圣光环下的黑暗与残暴的一面。

（一）有些事情说起来容易，关键是做得怎么样，黎民百姓是否得到了实际利益

文帝、景帝是下过不少很好的诏令，制定过不少很好的政策，但这些诏令下达到基层没有，真正贯彻实行到什么程度，是大有疑问的。就减少农民税收的"十五税一""三十税一"以及"免除农民租税"而言，当时农村贫苦的农民究竟能够得到多少好处就很难说了。至于那些优恤老人的规定"年八十已上，赐米人月一石，肉二十斤，酒五斗"云云，这会是在全国实行过的条例规定么？在都城或在几个城市表演一下是容易的；让穷乡僻壤、道路不通的穷苦百姓受到这种优待谈何容易？即以今天中国的农村而言，大概还会有许多地区达不到这个标准。

汉文帝圣德之一的"废肉刑"，早在班固的《汉书·刑法志》中就说这条法令是"外有轻刑之名，内实杀人"。因为他把宫刑与斩右趾改为死刑，把斩左趾改为笞五百，把当劓者改为笞三百。别说前两种是明确地把不该死的改成了死刑，就是后两种这"笞五百"与"笞三百"，也大都用不着打满数就已经把人打死了。再说，这光用"刑措"，也就是用处置人的数目多少来衡量社会治安的好坏，也不是一个好的标准。

汉文帝生活俭朴，因为建造一个"露台"要花"百金"，而"百金"是十个中等平民户的家当，于是就放弃不建了，这是好事；可是当汉文帝迷信神仙，为追求长生不死而听信

骗子新垣平的鬼话建造了"渭阳五帝庙"，建庙究竟花了多少钱，史无明载，但光是对待这个骗子就除了封他为"上大夫"外，还赏赐他的家庭"累千金"，相当于建那个露台的几十倍。汉文帝有一个男宠叫邓通，有人给邓通相面，说邓通日后要饿死；汉文帝怕把邓通饿死，就赐给了他一座铜山，让他随便开矿铸钱，于是邓通家铸造发行的铜钱遍天下。这里的汉文帝与前文所述，还是一个人吗？

（二）文帝、景帝废除了前代的一些酷法，也对当时的司法队伍提出过一些要求，要求他们"奉法循理"，不要"以苛为察，以刻为明，令亡罪者失职"等等，但这些话都是说给别人听的，他们从来没有想到自己也应该遵照执行

"灭族"的酷法，从吕后执政就已经宣布废除了，文帝上台后的第二年又重新宣布了一回；但到文帝晚年宠信方士新垣平，后来发现新垣平是个大骗子，而且说他要"谋反"，于是将其"夷三族"。新垣平不是什么好东西，死有余辜，但他的三族老幼有何罪过，而受此株连？

文帝如此，景帝的背信弃义、专横杀戮，更胜其父十倍，特别表现在杀晁错、杀周亚夫两位大臣的事件上。晁错是为了加强中央集权、削弱诸侯国势力而提出削藩的。到吴楚七国以讨晁错为名发动叛乱时，汉景帝竟背信弃义地听从袁盎、窦婴的挑拨，为向七国讨好，竟把位列"三公"的晁错当作替罪羊杀掉了。尤有甚者是对待周亚夫。汉景帝杀了晁

错，七国仍不退兵，最后还是靠着周亚夫率军讨伐，将吴楚之乱平定。但就是这样一位大功臣，竟被汉景帝抓了一个私下偷买皇家殉葬品的犯罪事实，给周亚夫加了个"纵不反地上，即欲反地下"的罪名，将周亚夫杀掉了。明代李贽说："甚矣，居功之难也。使时无条侯，七国之兵岂易当哉？不三月而吴、楚破灭，虽十世宥之可也。景帝非人主矣。"

文帝时杰出的司法官张释之曾有所谓"法者，天子所与天下公共也"，但这话也就是说说而已，中国两千年的封建社会，帝王永远是站在法律之上，永远不受任何法律约束的。

文帝、景帝在历史上是创建了"文景之治"的杰出人物，但其神圣光环下的黑暗与残酷尚且如此，至于其他时代、其他人物的光环之下究竟有多少黑暗，也就可想而知了。我们要学会全面地看问题，全面地思考问题。孟子说过："尽信书则不如无书。"

汉武帝的文治武功与其晚年悲剧

汉武帝名彻，是汉景帝十四个儿子中位置并不靠前的一个。他完全是靠其母王夫人（一个并不很受汉景帝宠爱的女人），借助着其姑母刘嫖的势力，阴谋勾结，编织谣言，上下煽动，颠覆了太子刘荣与太子之母栗姬，从而夺得太子之位，并于前140年景帝死后顺利登上皇帝位的。过程详见《史记》的《外戚世家》《五宗世家》与《汉书》的《景十三王传》和《外戚传》。

一、汉武帝的文治：完备政治、经济、文化方面的建设

其一，汉武帝通过尊儒，完成了对全国百姓的思想统治。

汉武帝登基时，汉王朝的国内经济状况已经大大好转，国家的综合实力大大增强，但政治方面的严重问题，如国内

诸侯王的割据、外部匈奴的威胁等还都存在。面对这种状况，他积极寻求一种新的理论来代替建国以来长期奉行的黄老哲学，要采取一系列措施来改变汉朝建立以来的"无为而治"，于是他选中了儒学，并选出了两个代表人物就是董仲舒与公孙弘。这两个人都是靠着念《公羊春秋》而被汉武帝所赏识的。董仲舒的成就主要在于理论建设，著有《春秋繁露》，汉武帝实行"罢黜百家，独尊儒术"，就是在董仲舒的倡导下搞起来的；公孙弘的成就在于将儒术用于实践，曾高居丞相之位五年。

汉武帝尊儒的过程，是与政治上的夺权斗争相结合的。汉武帝刚登基的时候，朝廷大权还都掌握在以太皇太后窦氏为代表的一群旧派人物手里，他们的理论就是"无为而治"的黄老哲学；他们的政治路线就是维持刘邦建国以来的"清静无为"，包括对匈奴的妥协投降、维持现状等等。汉武帝登基时年方十六，想趁机抓权的自然是汉武帝的母亲王太后。但窦老太太的权势欲丝毫不减，于是王太后不得不与汉武帝联合对窦老太太采取夺权行动了，其口号就是"尊儒"，其组织活动就是对朝廷群臣的大换班。窦老太太开始对此假装视而不见，等到新派的群臣得寸进尺，公然提出朝廷大政不要再让窦老太太过问的时候，窦老太太勃然大怒，一道命令就罢免了汉武帝刚任命的丞相、太尉，并立即处死了刚上台的御史大夫与郎中令，一切尊儒的章程通通废止。这是多么严重的一场政变啊，简直和清代被慈禧太后扑灭的戊戌变法一样。幸亏老天爷帮着汉武帝，五年后窦老太太驾崩了，于是王太后与汉武帝卷土重来，轻而易举地扫荡了维持旧貌的"黄老派"，而适应新局面的儒学遂被大红大紫地尊了起来。这些事件都清清楚楚地写在《魏其武安侯列传》里。

早在汉武帝建元元年（前140）第一次发动尊儒时，当时的丞相就向武帝请求："所举贤良，或治申、商、韩非、苏秦、张仪之言，乱国政，请皆罢。"到元光元年（前134），汉武帝第二次尊儒时，董仲舒就在对策中建议："诸不在六艺之科孔子之术者，皆绝其道，勿使并进。邪辟之说灭息，然后统纪可一而法度可明，民知所从矣。"于是汉武帝就采纳了董仲舒这个"罢黜百家，独尊儒术"的建议。

其实，汉武帝这时所尊的"儒"，已经和先秦孔丘、孟轲所倡导的"儒学"大不相同了，它是被董仲舒、公孙弘等改变了面目，用儒家旗号包装起来的一种熔儒家、法家、阴阳五行家等理论于一炉的，为汉武帝巩固封建统治服务的一种学问。它有两个极其鲜明的特点：

首先是它充满了神学气。他们大讲"天人感应"，大讲阴阳五行。他们把先秦充满世俗生活韵味的儒学，变成了一种令人恐惧、令人窒息的"宗教"。他们把孔子神化成"素王"，说他是上帝派到人间的教化主；他们把孔子的一些学说、一些教条，通通说成是上应天命、不可怀疑、不可动摇的金科玉律。汉代儒生甚至神化孔子，说孔子能预知他身后的儒派弟子将有被秦朝焚坑的磨难，而到汉朝的第五个皇帝时将使儒学大放光彩。所谓"天人感应"，就是把自然界与人类社会的种种变化，诸如日蚀、月蚀、流星、雷电、地震、暴风、火灾、洪水，以及动植物的怪变等等，通通都与上帝（天）的意志联系起来，说这是上帝（天）在向人类社会显示它的意志。"天人感应"是汉代儒学中最荒诞、最虚妄的一股弥迷漫于整个社会的妖雾，是恫吓、震慑当时劳动人民，为汉代统治者服务的一种邪说。在中国古代两千多年的封建社会中，再没有第二个朝代像汉王朝的四百年中有如此荒谬的东西能如此猖獗的横行。我们知道，孔子是"不语怪力乱神"的，而汉代儒生却公开地将孔子与其学说彻底妖魔化了。

另一点就是让儒学赤裸裸地为巩固皇权服务。他们鼓吹"君权神授"，说"皇帝受命于天"，"社会上的一切臣民都受命于皇帝"。他们改变了孔子"君君、臣臣、父父、子子"对两方面都有要求的提法，而将"三纲""五常""忠孝节义"等等都说成是上天意志的体现。而"三纲"中根本的一条是"君为臣纲"。汉代儒学也很强调"孝"，但"孝顺父母"只是一种社会最基层的活动，而最终最高的结果是"忠"于皇帝，这才是根本，这样的理论当然是汉武帝最喜欢的。

董仲舒的主要著作有《贤良对策》《春秋繁露》《春秋

灾异》等等。

相比之下，公孙弘所做的工作，似乎就应该一分为二了。公孙弘在协助汉武帝尊儒方面的贡献，主要就在于建立"太学"，这是汉武帝尊儒的一项重要工程。太学是一个由朝廷在京城举办的以培养儒学弟子，为各级官府输送人才的学校。这些弟子们毕业考试合格后，最优秀的可以到汉武帝身边充当郎官；差一点的按条件分配到各级政府机关充当文秘人员，负责给本部门的长官起草上报、下发的各种文件，这些文件一律要用儒学的词令、儒家的条文包装起来。汉武帝本人下发的诏令，要让大文学家司马相如那样的人代为起草，或代为修改，满纸的"子曰""诗云"，一派温文尔雅。经过几十年的熏陶培养后，汉王朝官场的风气为之一变，"天下之学士靡然向风"，"公卿大夫士吏彬彬多文学之士矣"。于是流传下来的汉朝官场的各种应用文都成了后世学生学习文章写作的范本。试翻一下《昭明文选》《古文苑》《古文辞类纂》以至当今的古代文章选本，即可得知。

汉武帝完成了一种"杂霸王道而用之"的统治术，这就是：它既要用儒家的一些教条、一些词语来欺骗人、麻醉人，又要用儒家外衣包装下的秦始皇那样的严刑酷法来镇压人、统治人，这就叫做"文武并用"，一方面有牧师的职能，另一方面又有刽子手的职能。

汉武帝的统治表面上温文尔雅，张口闭口的仁义道德，其实质是从秦朝沿续下来的法家统治，有的还要过之。汉武帝为更简便地进行搜刮，于是想推行一种新的货币。大司农颜异没敢公开反对，只是嘴唇轻轻地动了一下，汉武帝便说："即使你嘴里没说，但是你肚子里反对。"于是便以"腹诽"的罪名将一位"九卿"之一的高官处死了。这"腹诽"的罪名，似乎在秦朝都没有。这种儒学一经确立，不仅对维护汉王朝的统治起了重大作用，而且这种作用一直延续到清朝末年。

其二，实行"推恩法"，彻底解决了诸侯割据的问题。

汉代建立初期，由于又部分地恢复了分封制，造成国内的割据势力相当强大，被贾谊视为可以让人痛哭流涕的大风险。故而在文帝时期被镇压掉的就有济北王刘兴居、淮南王刘长，并将齐国一分为七，将淮南国一分为四。到了景帝时期，朝廷在彻底平定了吴楚七国叛乱的基础上，进一步将赵国一分为六，将梁国一分为四；并大大削减各诸侯国的领土，降低各诸侯国建制上的规格，还规定各诸侯国的丞相一律改称"相"，由朝廷派遣，并对朝廷负责；其他管军事的、管钱粮的、管民政的几个二千石一级的大员，也通通由朝廷派遣，对朝廷负责。从此，各国的诸侯便都成了只在自己国中"享清福""吃闲饭"的大闲人。汉武帝登基后，对他们还耿耿于怀。于是在元光元年（前134），他接受具有纵横家色彩的主父偃的建议，下令让各国诸侯可以分割自己的领地来分封自己的各个儿子为侯。这的确是个好主意，既不损失皇帝的一毫一厘就讨得了大量诸侯国的没有继承权的众子弟的欢心，同时又把各个地广势强的大诸侯国分成许多碎块，使它们成为一盘散沙，日后再也动不了什么谋反的念头。从元光五年（前130）到元鼎元年（前116）的十四年中，汉武帝前后共封了王子侯一百三十六个。但这些侯爵，得来容易，丢失得也快，历经汉武帝的元鼎、元封，到太初四年（前101）的二十多年中，以各种原因被消灭的已经有八十四个。他们都犯了什么事呢？诸如芒侯刘申生因娶皇帝的女儿为妻，对妻子不敬，被废除；祈侯刘它因陪着皇帝打猎而自己提前回家，被废除；绛阳侯刘禄、宁侯刘指因走出自己封地的界线，被废除……其实都是些鸡毛蒜皮之事，但皇帝说你该死，你就得死。后来汉武帝觉得这样一个个零敲碎打地处置不解气、太麻烦，于是以诸列侯凑份子陪皇帝祭祖，应交纳的金银"份量不足"或是"成色不好"为由，一下子消灭了王子侯与其他诸列侯共一百零六个。

其三，在经济方面实行了一系列政策，如盐铁铸钱官营、平准均输、算缗（mín）告缗等。

从理论上说，"平准""均输"两项，如果政策制定者与推广实行者都出以公心，是能够利国利民的。但从实际效果看，却似乎变成了一种官方垄断而用来搜刮与盘剥劳动人民的有利手段。其中最令人痛恨的是由国家政府出面制造"皮币"与"白金三品"，再有就是实行所谓"告缗"制度。

前者简直就是想方设法地对全国百姓进行公开掠夺；后者则是鼓动不法之徒大兴诬告之风，从而造成了大批工商业者破产。《平准书》说："商贾中家以上大率破。"但这些手段又的确在短时间内把大量的财力物力集中到了朝廷中来，从而为维持当时战争机器的运转，并为整个统治集团的豪华奢侈提供了保证。

此外，在兴修水利、赈救灾民诸方面，汉武帝也做了许多工作。范文澜说："水利工程是发展农业的一个重要基础，自传说中的大禹以下，治水常是大的政治措施，但巨大规模的治水却自汉武帝开始。汉武帝大规模治水对我国北部地区的农业生产具有重大的进步作用。"

二、汉武帝的武功：通过一系列对外战争形成了强大的西汉帝国

其一，汉武帝前期的伐匈奴。这方面的战争共进行了十四年（前133—前119）。

汉武帝时伐匈奴的将军以卫青、霍去病为首。由于司马迁对汉武帝讨伐匈奴的战争持否定态度，故而作品对卫青、霍去病的六次北伐，前五次都是寥寥数句，一带而过，看不出司马迁的热情；只有对第六次的漠北大战进行了具体描写，展现了卫青的谋略与勇气，对北方战场的惨烈与艰辛也

写得生动悲壮，很是感人。对此，明代茅坤说："卫青武刚车之战，气震北虏。"杨慎说："自'日且入'至'二百余里'，写得如画。唐诗'胡沙猎猎吹人面，汉虏相逢不相见'；'月黑雁飞高，单于夜遁逃。欲将轻骑逐，大雪满弓刀'，皆用此事。"

由于司马迁对霍去病尤其反感，故而作品对霍去病所完成的一系列光辉战役都没有具体描写，只是用汉武帝的几篇诏书来加以搪塞，看似庄严隆重，其实空洞冷漠，根本唤不起读者的感奋与敬慕之情，这对于霍去病显然是太不公平了。

汉武帝伐匈奴彻底改变了以往对匈奴的消极防御态度，而变为深入敌境，长途奔袭，以求捕捉、消灭敌人的有生力量。这是非常重要、非常成功的历史经验。

汉武帝用了十四年的时间沉重地打击了匈奴，使匈奴遭到重创，从此有十五年的时间匈奴人不敢靠近汉朝边境。

其二，用十来年的时间讨伐南越（前112—前111）、东越、闽越（前111—前110）、西南夷（前110—前109）、朝鲜（前109—前108）、大宛（前104—前101）。在伐南越、伐朝鲜、伐大宛的战争中，司马迁严厉批评了汉朝的非正义性，暴露了汉军将领的怯懦无能与卑鄙自私。在伐大宛的战争中，特别突出地暴露了汉朝的劳民伤财。

但这些战争的结果是大大扩展了汉朝的版图，使汉朝的边境向南达到了广东、广西、福建；向西南达到了今贵州、云南与四川西南部的大片地区；向北推进到了今内蒙古的中北部；向西夺取了河西走廊，又向西开发了今新疆全境，打通了东西方的交通，开展了东西方的文化、贸易往来。这使汉朝的威名远扬，达到了历史上前所未有的地步。还大大地提高了民族自信心和自豪感，使当时的世界出现了东有大汉王朝、西有古罗马帝国的东西辉映的局面。

但我们对此也必须看到两点：第一，汉朝为征伐四夷所付出的牺牲和代价是惨重的。到汉武帝末期，汉朝的经济已经到了崩溃的边缘，小规模的农民起义此起彼伏。第二，北方在安定了十五年后，匈奴势力又发展起来，不断袭击汉边，在汉武帝最后的十几年内，汉朝有三次全军覆没，其中数李陵那一次名声最大，但其实损失是最小的，全军覆没也就是五千人；而赵破奴伐匈奴被俘，全军两万人降敌；李广利伐匈奴，竟率全军七万人降敌，是汉匈战争以来史无前例的惨败。司马迁对汉武帝的对外战争，总体持批判态度。

三、汉武帝的专制独裁与其晚年的政治悲剧

在先秦儒家的心目中，一个好的帝王应该是以"天下为公"，能禅位、能让贤的；而君臣之间应该是比较平等、比较融洽地讨论问题，而不是帝王一人独断专行。

其一，汉武帝的独裁专制。

自刘邦建国到汉武帝中期以前，丞相的权力一直是很大的，皇帝的意见常被丞相驳回；到武帝中期情况发生了改变，他另找了几个自己所信任的人在皇宫内组成了一个"内朝"，参加的人选是当时的几员大将，如卫青、霍去病等。而这些人通常都是唯唯诺诺，看着皇帝的脸色说话，于是皇帝个人的意志便成了"内朝"的决定，传出来下达给丞相，丞相便只能照章执行了。

太尉一职，本来与丞相地位相同，掌管全国军队，并统领驻扎在京城的北军。到了武帝中后期，太尉这个官职被撤消，汉武帝只派一个级别很低的"使者护军"作为他的特派员去北军主持日常事务，实际上是他自己直接掌管北军。

皇帝越是专制独裁，大臣们便越随声附和，迎合讨好。大将军卫青，权力在丞相之上，《史记》里说他的为人特点是"柔媚"。他找汉武帝汇报工作，汉武帝有时居然在卫生间里接见他。

汉武帝时的司法长官都不管法律条文，一心看着汉武帝的脸色行事。酷吏杜周任国家的最高司法长官，对于关在监狱里的人，武帝恨谁，他就把谁处死；武帝想宽释谁，即使这个人犯有死罪，他也不加处治，长期关着，等候有一天武帝发话，他就把这个人放出来。有人质问杜周："你作为司法官，不按法律条文办事，专门看皇帝的脸色。难道一个司法长官能够这个样子吗？"杜周说："老皇帝的意旨写在纸上就成了法律条文，新皇帝说出来的话就是命令。我要按着新皇帝的命令做，为什么一定要按法律条文呢？"

汉武帝共当了五十四年的皇帝，他执政的前期、中期，可以说是国内统一、国力强盛、政局稳定，政治也比较清明。执政后期的近二十年，随着经济的日益萧条，整个国家的形势越来越坏，于是他的专制独裁也就越来越严重了。汉武帝晚年一连杀了五个丞相。当他任命卫皇后的姐夫公孙贺当丞相时，吓得公孙贺趴在地上苦苦求饶，死活不肯起来。汉武帝退朝走了，公孙贺哭着回家。路上有人问他哭什么，他说"皇帝让我当丞相"。结果这个公孙贺最后还是被汉武帝杀了。

其二，汉武帝迷信鬼神，希求长生不死。

汉武帝从青年时起就迷信鬼神，希求长生不死。因此在他身边始终聚集着一大群骗子，这些人整天为汉武帝炼丹制药，下海求仙；而汉武帝对于这些骗子也迷恋之极、宠爱之极。他给这些骗子兴造楼台、广开府第，封他们为"大夫"，为"将军"，赏赐他们的财宝无法计算，甚至把自己的女儿嫁给这些骗子为妻。其愚蠢荒唐的程度，历史上少有能比的。《史记》中有一篇《封禅书》，专门写了汉武帝这方面的种种奇闻。随着汉武帝的年岁越来越大，他越来越怕死，望气的人说长安城的监狱中有天子气，于是汉武帝下令将该监狱中关押的人通通杀光。汉武帝疑神疑鬼，每天总是怀疑有人要害他，于是一场更荒诞离奇的灾难发生了。

其三，汉武帝晚年的悲剧。

汉武帝早在二十多年前就立了皇后卫子夫所生的儿子刘据为皇太子。到武帝晚年，太子刘据已经三十多岁。刘据为人慈和，对汉武帝征伐四夷屡有谏诤，对酷吏用法也多有平反，甚得百姓的欢心。

但卫子夫这时已经年老失宠，而汉武帝的新欢一个接一个，有名姓记载的就有王夫人、李夫人、尹夫人、邢夫人等，最后一个受宠的是钩弋夫人。武帝嫌太子刘据"生性不类己"，与刘邦当年讨厌太子刘盈的用语相同，想换一个跟自己生性差不多的。太始三年（前94），新受宠的钩弋夫人生了刘弗陵，汉武帝给钩弋夫人所住的院落之门起名叫"尧母门"，这不显然是把钩弋夫人称作"尧母"，把她所生的小儿子刘弗陵称作"帝尧"了吗？这就明显地向人们流露了他想废太子刘据的心思，于是皇后卫子夫与太子刘据一下子变成了野心家们攻击、陷害的靶子。

当时社会上流行一种害人的巫术，叫做巫蛊。这种东西流入宫中，成为嫔妃、宫女间相互攻击、相互陷害的手段，并进而发展到诬告某人用这种手段诅咒皇帝。

汉武帝为查办宫里的巫蛊活动，任命野心家江充主管此事。江充以敢于揭发阴私受武帝宠任，曾以纠察太子家的问题受到武帝的赞扬。由于江充怕日后太子为帝报复他，故而欲置太子于死地。他先从外围做起：先指使人诬告丞相公孙贺父子，使得公孙贺父子惨死在狱中；接着又诬告太子刘据的姊妹与卫青的儿子，将她们逐个诛灭；最后便把罪恶的矛头指向了太子刘据与皇后卫子夫。

这时汉武帝住在长安西北方的甘泉宫，由于专制、迷信、多疑，使他已经昏庸到了别人怎么说，他就怎么信的程度。他派江充率兵到皇后宫、到太子宫拆房挖地，查找木偶、布偶一类的"罪证"。打着皇帝的旗号率众有目的地到某处查找"罪证"，你想还能查找不出来么？太子气得忍无可忍，把江充杀了。于是有人跑去向汉武帝报告，说太子造反了。汉武帝一听，就派丞相刘屈氂率兵讨伐，太子则认为是皇帝被奸党控制，存亡不可知，于是也调集京城里的兵员进行抵抗，两军战于长安城中，死者数万人。太子下令让北军护军使者任安发兵助己，任安口头答应却按兵不动，坐观成败。最后，太子兵败，皇后卫子夫自杀。太子逃出长安，向东逃到湖县，最后自杀身死，一起被杀的还有太子的两个儿子。

当时的汉武帝已经昏了头，他先是不察缘由，只顾愤恨太子的"造反"，因而凡是与太子有关的人，和不愿为难太子、放太子逃走的人，如御史大夫暴胜之、丞相司直田仁等一群高官都被汉武帝杀掉了。

后来汉武帝渐渐发觉所谓巫蛊害人根本不可信，发觉太子并无反心，于是他又寻找借口强加罪名，把镇压太子的丞相刘屈氂下狱腰斩；把靠与太子坚决作战而提升为御史大夫的商丘成也杀掉；把围攻太子、追杀太子的官兵也一律处死。同时还将脚踩两只船、按兵不动的"老奸巨猾、坐观成败"的任安处死了。

汉武帝心里想念儿子，同情儿子被诬陷，他让人在皇宫里搭起一个高高的思子台，站在台子上望着儿子自杀的方向默默伤心；但他却始终坚持不给太子和因与太子有牵连而被杀的人平反。直到他几年后死去，也没有做这件他应该做的事。

这场惨烈的横祸是汉武帝自己一手造成的，它发生在汉武帝临死前四年的征和二年（前91），当时他六十五岁。

这场横祸不仅殃及社会，殃及无辜的平民与下层士兵，也殃及汉武帝自己的家族、亲人，而且对已是老年的汉武帝自己的身心也是一种莫大的摧残。这样一场荒唐、惨烈的政治悲剧，居然发生在汉武帝这样一个有辉煌功业、有惊世作为的伟大人物身上，这是由汉武帝高度集权的专制主义制度造成的，历史教训极其深刻。

读历史的人读书至此，常常掩卷沉思：如果汉武帝能早死五年，或者能在五年前将国家政权传给太子刘据，那该多好。那样既能给国家与黎民百姓减去许多苦难，也能让他个人在历史上的名声、地位提高很多。

汉武帝死于公元前 87 年，享年 69 岁。

在汉武帝临死的几天前，他忽然下令将他心爱的宠妃钩弋夫人处死了；又过了两天，他宣布立钩弋夫人所生的儿子刘弗陵为太子，当时刘弗陵虚岁八岁。

第四讲

世家选读

传国传家都难

关于司马迁笔下孔子的几点思考

《孔子世家》是研究孔子的最早、最有权威性的传记，同时也是问题最多、真假杂糅的传记之一，这里准备提出以下几个方面的想法。

一、孔子孩童时期的疑问

《孔子世家》写孔子青少年时代极其简略，难以串联起来。司马迁说孔子的父亲是叔梁纥，叔梁纥是何等人，司马迁在《孔子世家》中只字未讲。《左传》中有叔梁纥其人，是鲁国的一位勇士。司马迁在《孔子世家》中说叔梁纥与颜氏女"野合"而生孔子。"野合"大约就是未经父母之命、媒妁之言吧。"野合"而生孔子后，是其家庭立刻承认了这门婚事呢？还是叔梁纥与颜氏女继续在外面做秘密夫妻呢？司马迁没说。孔子降生后，叔梁纥就死了。大约过了十几年，颜氏女也死了。奇怪的是颜氏女竟然到死也没有告诉孔子其生父是谁，死后葬于何处。颜氏女死后，有位邻居告诉孔子其生父的名字与葬处，于是孔子将其母与其父合葬于防。

颜氏女死后，孔子曾"要经"前往参加季氏的招待宴会，被季氏的家臣阳虎挡驾。这是有记载的孔子准备参加的第一次社会活动，但没有成功。这一年孔子大约是十五六岁。接着到十七岁时，鲁国的权臣孟釐（xǐ，同"僖"）子就在临死前称孔子为"圣人之后"，称之为"达者"，从此一些大贵族的子弟就跟着孔子学礼，孔子便步入上流社会了。应该说，孔子在其十五六岁这两年间的发展是火箭式的。

从孔子降生一直到十五六岁，孔子是怎样生活过来的？司马迁没有交代。孔子的"认祖归宗"究竟是在什么时候，又经过了怎样的过程呢？这一点对孔子思想立场的形成有着重大关系。司马迁对叔梁纥缺乏交代，以及颜氏女至死不告知孔子其生父之名与其葬地的行为，将孔子的孩童时代拖入五里雾中，并割断了孔子日后的立场与思想表现形成的基础与渊源。

二、孔子的政治生涯

《孔子世家》写孔子有自己宏伟的政治理想，并具有将这种理想付诸实践的政治才干。司马迁认为孔子曾当过鲁国的宰相，其从政期间所做的最重大的事情，其一是协助鲁定公会齐景公于夹谷，其英姿飒爽、指麾若定的情景，千载之下犹有生气。其二是毁三都，也就是要铲除季孙氏、叔孙氏、孟孙氏三大权臣封地的都城；经过努力虽仅毁去两个，但孔子弱私门、强公室的决心与魄力却得到了充分展现。可惜为时不长，孔子就在国内国外敌对势力的联合排挤下离开了鲁国。孔子的生活处境与司马迁笔下的吴起、屈原等相同，这使司马迁非常悲哀，司马迁对此表达了无比的愤慨与同情。

其实，司马迁关于孔子从政的这些叙述疑点甚多：其一，孔子的政治地位是被司马迁大大拔高了的。司马迁在《鲁世家》中有一次、在《孔子世家》中有两次说孔子曾在鲁国"摄相事"或"行相事"，但皆未说他正式为相；而在《秦本纪》《吴世家》《晋世家》《楚世家》等篇则一一写成了此年"孔子为相"，以表明孔子其人的事关重大。其实这是不可能的。孔子不可能在鲁国"行相事"，更不可能在鲁国正式为相。鲁国的"相"始终是季孙氏、叔孙氏、孟孙氏，也就是所谓"三桓"，他们从来没有把这个职务让给其他人。《左传》写到孔子佐鲁定公参加"夹谷"之会，也就是充当傧相而已。

其二，孔子在政治上的作用与其对鲁国政治的影响也是被司马迁过分夸大了的。司马迁说孔子"由大司寇行摄相事。……与闻国政三月，粥羔豚者弗饰贾，男女行者别于涂，涂不拾遗。四方之客至乎邑者不求有司，皆予之以归"，真可以说是"立竿见影"。并说孔子在鲁国的这些作为，吓得"齐人闻而惧"，说"孔子为政必霸，霸则吾地近焉，我之为先并矣，盍致地焉？"请注意，齐国是姜太公、齐桓公的后代，多年充当霸主。《孔子世家》前面刚刚说过："齐大而近于鲁。鲁小弱，附于楚则晋怒；附于晋则楚来伐；不备于齐，齐师侵鲁。"怎么转眼之间就让齐国怕到这种程度了呢？司马迁写文章为了突出某个问题，常有这种管前不顾后的情况。

其三，司马迁对孔子被国内国外的敌对势力相互勾结，挤出官场，对于孔子这种"才高被妒"的政治上的失败，是充满同情的。他详细地描写了孔子恋恋不舍、不忍离开鲁国的情景，这就如同他写吴起，写屈原，写伍子胥，写廉颇、李牧等等一样，充满了对统治集团昏庸黑暗、自毁长城的痛恨，这是《史记》中的重要主题之一，很能引起广大读者的共鸣。

三、孔子的成就与贡献

说到孔子的学术思想与其从政时进行的一些具体活动，司马迁有很敬佩的一面，如孔子讲德讲礼，反对严刑酷法；讲仁讲爱，反对残暴的聚敛诛求等等。在伦理道德方面，孔子强调统治者的表率作用，讲正人者必先正己，讲己所不欲勿施于人等等，司马迁也都同意。但孔子所强调的"君君、臣臣、父父、子子"的等级制；孔子倡导并身体力行的那种"为尊者讳、为长者讳"，以及孔子那种反对下层起义、反对武力征伐，而一味空洞地倡导礼乐、倡导说教等等，这些在当时显然是不合时宜的。相比之下，孟子的"民为贵、社稷次之、君为轻"；"闻诛一夫纣也，不闻弑君也"等等，似乎更得到司马迁的赞同，并在《史记》记载的许多人物身上可以得到印证。孔子的学说在春秋战国时代不被当时的任何一个国家所接受，孔子一生只能以四处碰壁、穷愁潦倒而告终，这是由于他思想主张的空泛在当时不可能实行所决定的。

应该说，孔子的政治理想与其治国平天下的学说，从整个体系而言，是空想的，是无法实行的。诸如"道之以德，齐之以礼"；"为政以德，譬如北辰居其所而众星共之"；"去兵，去食，存信"；"克己复礼为仁，一日克己复礼，天下归仁焉"；"周监于二代，郁郁乎文哉，吾从周"。处于春秋末期，究竟通过怎样的工作可以达到这种境界？他曾跃跃欲试地想去见阳虎、见公山弗狃，难道阳虎与公山弗狃就能在东方建立一个类似几百年前文王、武王在周公、太公协助下建立的"西周"王朝吗？尽管这些都是孔子梦想之中一条也不可能实现的空话，但是孔子的确还有一些可称得上是绝对美好的、被人向往让人迷恋的、能让许多志士仁人愿意追求和奋斗的东西。诸如"仁者爱人"；"己欲立而立人，己欲达而达人"；"己所不欲，勿施于人"；"政者，正也。子帅以正，孰敢不正？""君子之德风，小人之德草，草上之风，必偃"。这些大多是讲品德修养的，是讲统治者应起带头作用的。这些条款，只要统治者自己愿意带头做，老百姓绝对是衷心拥护的。此外在教育方面、在人格修养方面，孔子还有许多令人鼓舞的、极富开创性的东西，诸如"有教无类"；"学而不厌，诲人不倦"；"不愤不启，不悱不发"；"逝者如斯夫，不舍昼夜"；"朝闻道，夕死可矣"；"岁寒乃知松柏之后凋也"；"三军可夺帅也，匹夫不可夺志也"等等。这些都是经典性的、具有某种永久价值永久意义的东西。人总是要有点思想、有点追求的；人所生活的社会，有光明，也有黑暗；人所遭遇的环境，有顺利，也有坎坷。一个社会，一个群体，如果没有一种足以鼓舞人上进，给人以目标，给人以信念，给人以勇气与力量的东西，那么这个社会、这个群体如何能生存发展下去呢？孔子的思想学说，想要依靠它的体系来治国安邦，那是绝对不行的；但就此把孔子的思想学说完全打倒、废弃，那也是绝对不行的。我们应该取其精华，要把他所倡导的那些有用的东西努力地发扬光大起来。

孔子令司马迁、也令两千多年以来许多人极其敬佩的，是他那种坚持理想、不懈追求、胸怀大志、一生奋斗不息的实干精神；是他那种不服输、不泄气、宁知其不可为而为之的人生观、价值观；是他那种不改变信念，不降低目标，绝不与恶势力同流合污的伟大人格。司马迁正是从孔子这种处逆境而誓不回头的榜样中受到激励："文王拘而演《周易》，仲尼厄而作《春秋》，屈原放逐乃赋《离骚》，左丘失明厥有《国语》"，这已经成了司马迁一生奋斗力量的源泉。

孔子的教育思想、教育原则，以及他作为一位平民教育、平民学校的开创者，都应该独占鳌头，名垂青史。孔子培养了众多学子，以及这些学子在各国所取得的成就，更表明孔子教育活动的成功。

孔子伴随着自己的教育教学而整理了许多古代的文化典籍，他整理了《尚书》《诗经》《周易》《仪礼》等等。孔子一方面整理古代文化典籍，一方面将其用作自己教学的课本，这些工作对儒家学派的发展，对中国古代文化的发展与传承起了极其重要的作用；而孔子自身又是在这项浩繁、伟大的工作中既充实提高了自己，又教育提高了他成百上千的门徒；也正是这种既艰苦努力又奋斗不息的过程，成就了孔子作为一个来自平民阶层的伟大学者、伟大思想家、伟大圣人。

四、孔子写《春秋》

孔子写《春秋》的事情，不见于《论语》，不见于《左传》，最早说起此事的是孟子。两千年来鼓噪得家喻户晓，中外皆知的，则是由于司马迁的《史记》。司马迁在《孔子世家》中是把孔子写《春秋》当作一个最突出的关注点。司马迁说孔子写《春秋》的动机是："子曰：'弗乎弗乎，君子病没世而名不称焉。吾道不行矣，吾何以自见于后世哉？'乃因史记作《春秋》。"孔子写《春秋》要达到什么目的、起到什么作用呢？司马迁以为是"推此类以绳当世。贬损之义，后有王者举而开之。《春秋》之义行，则天下乱臣贼子惧焉"。孔子在写《春秋》时是投入了怎样的力量，自己对《春秋》又抱有怎样的期待呢？司马迁说："孔子在位听讼，文辞有可与人共者，弗独有也。至于为《春秋》，笔则笔，削则削，子夏之徒不能赞一辞。弟子受《春秋》，孔子曰：'后世知丘者以《春秋》，而罪丘者亦以《春秋》。'"也就是说，孔子一生的功过成败，一生的毁誉荣辱全在这部《春秋》上了，其他什么做官呀，正名呀，制礼呀，作乐呀，教书呀，育人呀，通通不在话下。只要这部书能够立住，其他一切都可以不要。这是孔子给自己盖棺定论么？这是司马迁评定孔子么？通通不是。这是司马迁在为自己盖棺定论，是司马迁在为自己的《史记》做最后的评定。

　　作为一位出身于平民阶层，具有民主人道思想的学者、教育家、历史家，作为一位坚定执着为实现美好理想而不屈不挠、奋斗不息，终生不与恶势力同流合污的韧性斗士，孔子是伟大的。司马迁称之为"至圣"，表现了他对孔子的高度尊崇。但实际说来，《孔子世家》中的孔子是被司马迁提高起来的、理想化了的形象。孔子的职务地位、孔子的政治影响，以及孔子写作《春秋》等等，都带有司马迁有意无意的过度夸张。因此《孔子世家》中的孔子，与《论语》中的孔子，与被后世历代帝王所加封的孔子都不相同；司马迁笔下的孔子既有讲仁爱、讲和谐、讲敬讲慈的柔性的一面，同时又有"贬天子、退诸侯、讨大夫"，对恶势力不妥协的刚性的一面。这是我们必须要看清的。再有，孔子是司马迁笔下的悲剧英雄，孔子一生颠沛流离，到处碰壁，受打击，受误解，到死凄凉寂寞，看不到任何希望的曙光。司马迁的遭遇比孔子更难堪、更悲惨，更看不到希望与前途。司马迁抬高孔子，歌颂孔子，夸大孔子的作用与影响，也就是寄希望于孔子，并从孔子的形象中寄寓自己的情感与身世。

　　"怅望千秋一洒泪，萧条异代不同时。"（杜甫《咏怀古迹》）司马迁在《孔子世家》中对孔子人生最后一段的描写是异常凄凉、异常感人肺腑的。当时颜回已死多年，子路又于去年死去，七十三岁的孔子孤独地拄着拐杖在门前踱步，忽然见子贡来了，孔子眼前一亮，动情地说："赐，汝来何其晚也？"因叹，歌曰："太山坏乎！梁柱摧乎！哲人萎乎！"因以涕下。随后他对子贡讲了昨晚做的一个不祥之梦，说是梦见自己坐在堂屋的正中央，而堂屋的正中央是殷人死后停灵的地方。孔子估计自己不会久处于人世了，结果七天之后孔子果然死去。《史记》描写悲剧英雄的去世，再没有第二篇像《孔子世家》所描写得如此凄惋了。

翔实复杂的战争画卷与情感强烈的农民颂歌

　　《陈涉世家》是《史记》中的名篇，不论是从历史还是从文学的角度看，这篇文章都有极其重要的价值。作品记述了陈涉起义由开始发动到胜利发展，以及到最后失败的全过程，表现了陈涉这个早期农民领袖的果敢首创精神和农民起义军的巨大威力，热情地歌颂了他们在灭秦过程中的历史作用。同时也具体真实地反映了这支早期农民起义军的种种弱点，和导致他们最后失败的主观原因，表现了作者对他们的无限惋惜与同情。

一、农民战争的"写实画"及进步历史观的表现

　　这篇文章的思想意义最重要的我想有两条：

　　其一，这是我国古代农民战争的第一篇真实记录，其材料的详尽具体是前所未有的。它不仅为人们提供了研究秦末

政治形势和秦末农民战争的可靠依据，而且它毫无疑问地对我国以后的农民战争起了一种巨大的感召、鼓舞作用。它像一本教材、一面镜子，让人们对照、检查，以便从中找出胜利的经验和失败的教训。

陈涉、吴广等被征调戍渔阳，中途遇雨失期，按照当时法律应该斩首。退一步说，即使是侥幸蒙赦，"而死者固十六七"，这就完全没有活路了。于是他们开始谋划造反。他们对当时形势的估计是只要策略合适，百姓"宜多应者"，因为"天下苦秦久矣"。事实果然如他们所料，起义后形势发展极快："行收兵。比至陈，车六七百乘，骑千余，卒数万人。……当此时，诸郡县苦秦吏者，皆刑其长吏，杀之以应陈涉。""当此时，楚兵数千人为聚者，不可胜数。"这就十分清楚地揭示了"天下苦秦"的程度之深，揭示了当时阶级矛盾的尖锐，起义形势如同干柴烈火，一下子就形成了不可遏止的燎原之势。

作品在描述陈涉发动起义的过程时，行文十分精彩：

乃行卜。卜者知其指意，曰："足下事皆成，有功。然足下卜之鬼乎！"陈胜、吴广喜，念鬼，曰："此教我先威众耳！"乃丹书帛曰"陈胜王"，置人所罾鱼腹中。卒买鱼烹食，得鱼腹中书，固以怪之矣。又间令吴广之次所旁丛祠中，夜篝火，狐

呜呼曰："大楚兴，陈胜王。"卒皆夜惊恐。旦日，
卒中往往语，皆指目陈胜。

这种做法在今天看来简直有些等同于儿戏，但在当时却
是一种首创，是一种组织号召群众的有效方法。明代茅坤说：
"草乱之初，须如此才能倾动人耳。"（《史记钞》）这种
办法为以后历代的农民起义领袖所惯用，从张角、孙恩到刘
福通、洪秀全，都是如此，只是组织方式变得越来越精密。

早期的农民起义军一哄而起，没有明确的纲领宗旨，没
有严格的组织纪律，杂乱无章，互不统属，这样的队伍是不
可能打败有组织的强大敌人的。《陈涉世家》非常真实、非
常具体地写出了这一点：陈涉派武臣往取河北，武臣到达邯
郸后自立为赵王。陈涉再令武臣出兵西击咸阳，武臣拒不奉
命。武臣派其属吏韩广北取燕地，韩广至燕后又自立为燕王，
亦不再听武臣驱使。陈涉的部将田臧不服假王吴广的节制，
说吴广"不知兵权，不可与计，非诛之，事恐败"。于是又
借王命杀掉了吴广，并献其首于陈王。陈王无奈，只好赐田
臧令尹印，使以为上将军。最后甚至在陈西一战兵败，陈涉
逃至下城父时，竟被自己的车夫叛徒庄贾杀害了。凡此种种，
皆见当时农民军的杂乱无章、冲突不断之状。《陈涉世家》
在写作上的重要成功之一，正在于它清晰具体地反映了这支
早期农民队伍的实际情况。人民是在战斗中成长提高的，到

李自成、洪秀全的时代，他们队伍严密的组织纪律，就远非昔日的陈王可比拟了。

作品在描述陈涉失败的原因时写到：

　　陈胜王凡六月。已为王，王陈。其故人尝与庸耕者闻之，之陈，叩宫门曰："吾欲见涉。"宫门令欲缚之。自辩数，乃置，不肯为通。陈王出，遮道而呼涉。陈王闻之，乃召见，载与俱归。入宫，见殿屋帷帐，客曰："夥颐！涉之为王沈沈者！"……客出入愈益发舒，言陈王故情。或说陈王曰："客愚无知，颛妄言，轻威。"陈王斩之。诸陈王故人皆自引去，由是无亲陈王者。陈王以朱房为中正，胡武为司过，主司群臣。诸将徇地，至，令之不是者，系而罪之，以苛察为忠。其所不善者，弗下吏，辄自治之。陈王信用之。诸将以其故不亲附。此其所以败也。

这段话的意思主要有两点，一是说陈涉生活腐化，脱离群众；二是说陈涉用人不明，核心瓦解。这两项虽然不是导致陈涉失败的全部原因，但无疑是非常重要的。尤其意味深长的是这两个触目惊心的教训，两千年来竟一直在历次农民起义队伍的领袖中间反复地重演着，从而导致起义一次又一次的失败。甚至连声威浩大、功业垂成的李自成、洪秀全也莫不如此。直到今天，这样的经验教训仍然值得我们借鉴。《陈涉世家》这段文字的生命力是多么长久，其历史意义是多么深刻啊！

其二，这是一首最早的农民战争的颂歌，是作者进步历史观的集中体现。《太史公自序》说："桀纣失其政而汤武作，周失其道而《春秋》作，秦失其政而陈涉发迹，诸侯作难，风起云蒸，卒亡秦族。天下之端，自涉发难。作《陈涉世家》第十八。"很明显，司马迁是把这次秦末农民大起义和汤伐桀、武王伐纣的战争等量齐观，是和孔夫子写《春秋》成"素王之业""为一代立法"相提并论的。也正因此，他对陈涉的决策起事无限敬佩，他对起义形势的蓬勃发展无限欢欣，他对农民队伍的杂乱无章以及他们最后的惨遭失败，充满了惋惜与同情，整个作品洋溢着一股不可掩抑的感情气势。其实冷静地说，真正推翻秦朝的是项羽和刘邦，陈涉这场起义只不过是一个开头、一个序幕而已，六个月他就兵败被杀了。但是在西汉前期的政治家、思想家们看来，这个开头是了不起的。

刘邦建国以来直至文帝时期，议论秦朝的政治得失是一种社会风气。据记载，陆贾、叔孙通、张释之、贾谊、晁错等都发表过这方面的言论。这是在一场推翻秦朝的规模巨大的农民战争刚刚过去后，作为地主阶级的政治家、思想家们不得不认真思考、深入总结的严重问题。这是贾谊写《过秦论》的时代背景。到司马迁的时代，情况又有所不同。汉武帝即位初期，国家已经有了七十年的休养生息，四海殷富；等到再过了四十年，由于汉武帝伐匈奴、伐大宛、伐朝鲜、通西南夷等，劳民伤财，生灵涂炭，到汉武帝的晚期，国家经济几乎到了崩溃的边缘。政治腐败，民变蜂起，这在《酷吏列传》和《平准书》中反映得极其清楚。有人说司马迁敌视农民起义，他称农民起义为"盗贼"。我们应该明白，这是司马迁在写他当世的事情啊！《匈奴列传》曾说："孔氏著《春秋》，隐桓之间则章，至定哀之际则微，为其切当世之文而罔褒，忌讳之辞也。"司马迁生于汉武帝时代，能把他对汉武帝的不满在《平准书》《酷吏列传》中写到这种程度，已经是冒着九死一生的风险了。至于说写陈涉，这是官方肯定的，甚至连刘邦都曾对之深表过敬意的人物，司马迁写起来显然是轻松自由得多了。他可以借以抒情、借以言志，借历史人物来阐发他对于现实政治的思想观点。对此我想我们只要注意两点就行了：首先是司马迁在《陈涉世家》中所灌注感情的强烈程度，这是其他人所没有的；其次是司马迁对陈涉的评价之高，更是千古绝伦，这点甚至连贾谊也望尘莫及。这里突出表现了司马迁的进步历史观。

　　司马迁高度评价陈涉，是与他一贯地重视下层人民、重视人民群众力量的进步思想分不开的，对此我们必须联系

《刺客列传》《游侠列传》《项羽本纪》《田单列传》等一起考虑。《游侠列传》的开头就说："布衣之徒，设取予然诺，千里诵义，为死不顾世，此亦有所长，非苟而已也。故士穷窘而得委命，此岂非人之所谓贤豪间者邪？"他称道他们的"救人于厄""振人不赡""不既信""不倍言"，说他们"要以功见言信，侠客之义又曷可少哉？"班固说司马迁这是"退处士而进奸雄"，我们认为这表现了司马迁的民主精神，这和他为鲁仲连立传，为荆轲立传，以及在《魏公子列传》里歌颂侯赢、朱亥的思想是一致的。《史记》中着意突出人民群众力量的地方很多，例如《项羽本纪》中对义军破秦关键的巨鹿之战是这样写的："当是时，楚兵冠诸侯。诸侯军救巨鹿下者十余壁，莫敢纵兵。及楚击秦，诸将皆从壁上观。楚战士无不一以当十，楚兵呼声动天，诸侯军无不人人惴恐。"这是何等气魄！这是何等的力量！难道这不是对人民群众力量的光辉礼赞吗？这与《陈涉世家》不仅思想上一脉相通，而且那种动人心魄的旋律也基本相同。

司马迁歌颂陈涉除了由于他进步的历史观外，还与他个人的生死观有密切关系。司马迁敬重那些能在生死关头有所抉择，能轰轰烈烈地干一番事业的人物，而瞧不起那种浑浑噩噩、平平庸庸的人。他的理论是："人固有一死，或重于太山，或轻于鸿毛，用之所趋异也。"（《报任少卿书》）当他写到蔺相如勇挫强秦完璧归赵的时候，感慨地议论道：

"知死必勇，非死者难也，处死者难。方蔺相如引璧睨柱，及叱秦王左右，势不过诛，然士或怯懦而不敢发。相如一奋其气，威信敌国；退而让颇，名重太山，其处智勇，可谓兼之矣！"这与陈涉的气质是多么相似啊！当陈涉被遣因雨失期，而失期又依法当斩的时候，他们想的是："今亡亦死，举大计亦死，等死，死国可乎？"又说："壮士不死即已，死即举大名耳！王侯将相宁有种乎？"这是何等豪迈的气派！司马迁的生死观在这里得到了最充分、最有力的体现。司马迁对陈涉的这种首创精神、这种英雄壮举是十分钦佩的。"王侯将相宁有种乎"这样的口号出现在陈涉的口中，出现在司马迁的笔下，出现在那个被"天人感应""君权神授"所笼罩的汉武帝时代，如一声发蒙振聩的霹雳。这是对当时统治阶级所鼓吹的血统论的蔑视与否定，是对"死生有命，富贵在天"这种宿命观点的挑战，是对当时整个官方政治与官方哲学的讨伐与革命。

二、传神壮阔的农民群像

《陈涉世家》在写作方法上与《史记》中其他以塑造人物著称的篇章有所不同。倘若拿《项羽本纪》《留侯世家》《淮阴侯列传》等人物性格鲜明、故事情节紧凑完整的标准来要求，那它的艺术性显然是不够高的。但是《史记》文章的形式千变万化、丰富多彩，《陈涉世家》自有其他方面的突出成就，表现在：

首先，它是一幅以陈涉为首的整个秦末农民大起义发端阶段的艺术画卷，它所着意表现的不是某一个、两个历史人物的写真，而是突出表现这支波澜壮阔的反秦队伍在这场斗争中的全部曲折、复杂的总面貌，表现他们撼天动地的力量和他们最终失败的惨痛教训。司马迁这种以陈涉标名，而实欲画一幅农民军群像的意图，在作品中是非常突出的。它叙事简洁，有条不紊，而当时起事的匆忙，以及在这种虽然是"纷纭复杂""漫无章法"的大乱中所表现出的劳动人民的伟大力量，却都十分清晰地呈现于读者眼前。这不是作者写作上的重大成功吗？

其次，以人物形象而言，本文虽对陈涉的专门描写不是很多，但是陈涉的思想气质、音容笑貌，还是生动地展现在了读者面前。"陈涉少时，尝与人佣耕，辍耕之垄上，怅恨久之，曰：'苟富贵，无相忘。'庸者笑而应曰：'若为庸耕，何富贵也？'陈涉太息曰：'嗟乎！燕雀安知鸿鹄之志哉！'"这就清楚地表现了一个受压抑而有雄心、有抱负的人物的形象。司马迁写人物，常常使用这种方法，用他起初不得意时的一句话、一个活动来预示他日后的不凡，如项羽、刘邦观始皇出巡时的感叹，陈平分社肉时的慨然自夸，韩信对漂母的誓以重报等等，都是如此。所不同的是《陈涉世家》开头的这段话，与后面陈涉因地位改变导致思想、人情也一起改变了形成对比，前后是呼应连贯的。

作品在描写陈涉称王后的骄奢与脱离群众时，用笔极其轻灵巧妙，没有正面叙述，没有大段铺陈，而只是写了宫门前的一个小纠纷：陈胜"已为王，王陈。其故人尝与庸耕者闻之，之陈，扣宫门曰：'吾欲见涉。'宫门令欲缚之。自辩数，乃置，不肯为通。陈王出，遮道而呼涉"。整段文字没有一句是写陈涉本人的思想行为，只是写了宫门令的傲慢乖张、气焰凶盛，但陈涉本人的思想行为也就可以想见了。俗语说："有其主，必有其仆。"在这里我们不正是由其仆以见其主了吗？读这段文字，不由得使我们想到了《红楼梦》中刘姥姥求进荣国府的艰难，从而使我们体会到《陈涉世家》的这段描写是多么深刻准确、一针见血。

说到文章用语的精当洗练及谋篇布局的巧妙，那也是很突出的。例如在写陈涉发动起义，以及起义后蓬勃发展的形势时说："卒皆夜惊恐"，"旦日，卒中往往语，皆指目陈胜"，"徒属皆曰：'敬受命。'""当此时，诸郡县苦秦吏者，皆刑其长吏，杀之以应陈涉。"明代王慎中说："连下'皆'字，见人心归附之同。"（《史记评林》）由此更见当时形势的势不可当。

因为这篇文章是为整个农民军而不是只为陈涉一个人立传，所以文章写到"陈涉葬砀，谥曰隐王"时并未结束，而是又叙述了陈王的部下吕臣，收合余烬，奋勇作战，先后两次夺回陈邑的壮举，而后用"会项梁立怀王孙心为楚王"一句结束了本文要说的全过程。"会项梁立怀王孙心为楚王"，这不是本文故事的完结，而是另一个故事的开头。因此这句话的意思实际是说："要知后事如何，请接着看《项羽本纪》。"这就很自然地使本篇与《史记》中的其他篇紧密地衔接起来了。

文章最后一行是："陈胜虽已死，其所置遣侯王将相竟亡秦，由涉首事也。高祖时为陈涉置守冢三十家砀，至今血食。"这段话与前面引过的《太史公自序》中的那段话遥相呼应。他之所以要反复地说这个意思，是因为他担心有些读者会因为陈涉的"历岁不永，勋业蔑如"，而低估陈涉的历史贡献。所以他在这篇文章的最后又用这种结论式的语言给读者重描了一次，以加深其印象，同时也可以借此表示自己对陈王的无限敬仰之情，给文章增加一种一唱三叹、余音绕梁的感觉。凡此种种，皆可见作者的匠心独运。

"帝王师"的历史功勋与自我防护谋略

张良在刘邦称帝后被封为侯爵的 143 位功臣中，排名为第六十二，但司马迁却把他列在《史记》的"世家"中。所谓"世家"就是有封爵、有领地可以世代相传的家族。刘邦功臣有幸列入"世家"的只有五个人，即萧何、曹参、张良、陈平、周勃。张良在功臣中的排名如此靠后，而司马迁写《史记》却对张良如此重视，将他排在陈平、周勃之前，这体现了司马迁对张良在历史上所起的作用及其思想人格的特别认识与特别评价。

《史记·留侯世家》的开头说：

留侯张良者，其先韩人也。大父开地，相韩昭侯、宣惠王、襄哀王。父平，相釐王、悼惠王。悼惠王二十三年，平卒。卒二十岁，秦灭韩。良年少，未宦事韩。韩破，良家僮三百人，弟死不葬，悉以家财求客刺秦王，为韩报仇，以大父、父五世相韩故。

张良是古代所谓的"忠臣孝子"，为韩国报仇，与秦国誓不两立。

张良一生活动、一生事业的轨迹，可以这样概括：一、帮着刘邦与秦朝斗；二、帮着刘邦与项羽斗；三、帮着刘邦与功臣斗；四、还要留着一份心思与刘邦、吕后斗。

一、张良的历史功勋

张良的功勋很大，但与萧何、韩信等不同，萧何、韩信的功劳有目共睹，张良的功劳却多数不为人知。因为他的一生就是跟在刘邦身边出主意、出点子，也就是司马迁所说的"制胜于无形"，"图难于易，为大于细"，因而也就"无知名，无勇功"。对于这种人，尊重的说他是"运筹帷幄"，是"帝王师"；不尊重的说他是搞阴谋、耍手腕、耍嘴皮子。一个"点子"值多少钱？记什么功？大家的看法会很不相同，所以张良的排名也就上不去。

（一）张良帮助刘邦与秦朝斗的最显著事例是峣关、蓝田之战

张良跟着刘邦从洛阳向南，而后西折入武关，其间所打的硬仗甚多，我们不多说，单说刘邦进入武关后，在向秦朝

都城咸阳进军路上进行的峣关、蓝田一战。《留侯世家》记载如下：

> 沛公……与良俱南，攻下宛，西入武关。沛公欲以兵二万人击秦峣下军，良说曰："秦兵尚强，未可轻。臣闻其将屠者子，贾竖易动以利。愿沛公且留壁，使人先行，为五万人具食，益为张旗帜诸山上，为疑兵，令郦食其持重宝啖秦将。"秦将果畔，欲连和俱西袭咸阳，沛公欲听之。良曰："此独其将欲叛耳，恐士卒不从。不从必危，不如因其解击之。"沛公乃引兵击秦军，大破之。逐北至蓝田，再战，秦兵竟败。遂至咸阳，秦王子婴降沛公。

从这段话里，我们可以看出张良运用谋略之精良：

一、先虚张声势，令敌方恐惧；二、再用金钱收买，使其内部分化瓦解；三、再乘敌人处于松懈状态时攻之。于是一场战役结束了秦王朝，其功勋真是辉哉煌哉。

说到张良的谋略，我们必须注意一个名词："黄老哲学"。"黄老哲学"就是把老子的理论用于政治、军事，用于治国平天下的一种学说。其主要点是"讲究清静无为"，"通过无为达到无不为"。它讲究"以柔克刚"，讲究"后发制人"，讲究"吃小亏占大便宜"等等。

宋代杨时曾评论张良的破峣关说：

老氏之学最忍，他闲时似个虚无单弱底人，莫
教紧要处发出来，更教你枝梧不住，如张子房是也。
子房皆老氏之学。如峣关之战，与秦将连和了，忽
乘其懈击之；鸿沟之约，与项羽讲和了，忽回军杀
之，这个便是他柔弱之发处。可畏！可畏！

（二）张良帮助刘邦与项羽斗的第一个显著事例是鸿门宴

"鸿门宴"的故事见于《项羽本纪》。我们讲过，"鸿
门宴"是一个历史故事，它反映了两支同盟军在共同的敌人
消灭后，马上就要转化为相互对立关系的一种过程。类似的
事情，古今中外屡屡出现。我们分析：项羽当时在关中是不
可能杀刘邦的。如果刘邦去"鸿门宴"的危险系数超过百分
之五十，你说刘邦他还会去吗？须知，刘邦可不是一个"舍
生取义""视死如归"的人啊！

但是话又说回来，司马迁笔下的这个"鸿门宴"的故事
的确写得精彩。其精彩内容之一就是创造出了张良这个被黄
老思想武装起来的艺术形象。

在鸿门宴上，刘邦一方的每个人的每一句话、每一个动
作，都是张良事先安排好的：诸如刘邦见项羽时说话的那种
谦卑、恭谨；樊哙闯帐时说话的那种正义凛然。樊哙这套

话的基本意思，第一次是刘邦在头天晚上对项伯讲的，项伯回去已对项羽说了一遍；次日一早刘邦来到鸿门，一见项羽又表达了一遍；而后到宴会上又让樊哙大嗓门地当众说了一遍。于是项羽已处于中立状态，剩下的就只有集中力量对付范增了。

张良所导演的刘邦集团应付项羽集团的策略，最主要的就是"以柔克刚"。当前的形势对刘邦不利，刘邦就得隐忍，要设法保存实力，要在隐忍的过程中显示自己一方的正义性，以争取各路诸侯，乃至项羽阵营中一部分人的同情、支持，从而积蓄力量，以求日后的反攻。今天的"谦卑""无为"，是为了达到日后的"无不为"。结果刘邦在鸿门宴上化险为夷。

（三）张良帮助刘邦与项羽斗的第二个重要事例是，刘邦在彭城惨败的关头，张良向刘邦推荐了韩信、彭越、黥布三将

刘邦从彭城一路败逃下来，《留侯世家》这样记载：

> 至下邑，汉王下马踞鞍而问曰："吾欲捐关以东等弃之，谁可与共功者？"良进曰："九江王黥布，楚枭将，与项王有郤；彭越与齐王田荣反梁地：此两人可急使。而汉王之将独韩信可属大事，当一面。即欲捐之，捐之此三人，则楚可破也。"汉王

乃遣随何说九江王布，而使人连彭越。及魏王豹反，
使韩信将兵击之，因举燕、代、齐、赵。然卒破楚
者，此三人力也。

在这里，张良不光为刘邦提出了三个能起关键作用的人物，而且涉及当时一系列策略问题：

1. 彭越原是一支独立大队，并不属于刘邦，他的活动地区是在河南与山东交界一带。他与田荣首先举旗反项羽，已经给刘邦的趁势取关中帮了大忙。如果能紧紧团结、利用彭越，就等于在项羽后方开辟了一条新的战线。事实上刘邦正是这样做的，他派刘贾等人率军进入彭越地盘，联手发动运动战、游击战，让项羽像救火队一样东线、西线两头跑。

2. 韩信是刘邦刚得到不久的将领，拜为大将后，在收复关中的决策与实际指挥上起了重要作用。但在乘虚进攻彭城时，刘邦没有任用韩信，而是把韩信留在了后方，这与刘邦对韩信的担心与使用原则有关。在彭城惨败的时刻，张良重新提出用韩信，这对刘邦派韩信开辟北方战场的战略决策有重要影响，从此韩信以每年灭两个国家的效率报效刘邦：第一年灭了西魏与代；第二年灭了赵国、燕国；第三年灭了齐国，大破齐、楚联军，并最后在垓下指挥刘邦全军彻底消灭了项羽。

3. 黥布是项羽的猛将，被项羽封为九江王，封地在今天

安徽的江淮地区。张良提出要利用黥布与项羽的矛盾，设法将他挖过来。这样首先是削弱了项羽的力量，减轻了正面战场的压力，又可以给项羽的左翼构成威胁。黥布后来果然在那里集合旧部，策反项羽的名臣良将，逐渐形成了刘邦的南方面军，从而对项羽形成了战略上的四面合围。

张良的这一套思想使刘邦在战略相持阶段由弱转强，并为最后消灭项羽铺平了道路。

（四）张良帮助刘邦与功臣斗

首先，韩信统兵平定齐国后，先已擅自称齐王，但他还假惺惺地派人到荥阳前线来向刘邦请求让他当"代理齐王"。刘邦一听勃然大怒，张良、陈平赶紧劝阻。《淮阴侯列传》是这样说的：

> 汉四年，遂皆降平齐。使人言汉王曰："齐伪诈多变，反覆之国也，南边楚，不为假王以镇之，其势不定。愿为假王便。"当是时，楚方急围汉王于荥阳，韩信使者至，发书，汉王大怒，骂曰："吾困于此，旦暮望若来佐我，乃欲自立为王！"张良、陈平蹑汉王足，因附耳语曰："汉方不利，宁能禁信之王乎？不如因而立，善遇之，使自为守。不然，变生。"汉王亦悟，因复骂曰："大丈夫定诸侯，即为真王耳，何以假为！"乃遣张良往立信为齐王，

征其兵击楚。

这段话的意思是：其一，张良及时地阻止刘邦发怒，示意他要隐忍，不要因为局部利益而坏大事。他劝刘邦答应韩信的请求，这是非常符合时宜、符合刘邦的长远利益、根本利益的。其二，这也表现了刘邦的绝顶聪明，表现了他条件反射似地醒悟之快与口吻转变之快。其三，这段话写出了张良、刘邦相互配合得极其默契而又极其生动，实际上他们两个人开始时谁也没有真正说话，是在刘邦的嘴唇一动刚要开口骂时，被张良在背后一捅，刘邦立即醒悟，就条件反射似地把后面那些话"骂"出来了。司马迁之所以要写"骂曰""复骂曰"，那是写给读者看的。他不这样写，我们怎么会知道他们心里在想这些事呢？其实这些都是当时几个活动的"潜台词"。

其次，鸿沟之约后，刘邦与韩信、彭越约定共同追击项羽于固陵，由于韩信、彭越违约，造成了刘邦第一次追击项羽的失败。刘邦很伤脑筋，张良帮着刘邦设谋，招来了韩信、彭越之兵，于是才有垓下灭项羽之事。《项羽本纪》对此说：

汉五年，汉王乃追项王至阳夏南，止军，与淮阴侯韩信、建成侯彭越期会而击楚军。至固陵，而信、越之兵不会。楚击汉军，大破之。汉王复入壁，深堑而自守。谓张子房曰："诸侯不从约，为之奈何？"
对曰："楚兵且破，信、越未有分地，其不至固宜。
君王能与共分天下，今可立致也。即不能，事未可
知也。君王能自陈以东傅海，尽与韩信；睢阳以北
至穀城，以与彭越：使各自为战，则楚易败也。"
汉王曰："善。"于是乃发使者告韩信、彭越曰：
"并力击楚。楚破，自陈以东傅海与齐王，睢阳以
北至穀城与彭相国。"使者至，韩信、彭越皆报曰：
"请今进兵。"韩信乃从齐往，刘贾军从寿春并行，
屠城父，至垓下。大司马周殷叛楚，以舒屠六，举
九江兵，随刘贾、彭越皆会垓下，诣项王。

一个帝王，受制于握有强兵的大臣，不听指挥，为个人
利益居然向帝王讨价还价，这是不能容忍的。刘邦的发怒当
然有理，但眼下的局势却不容他发怒。因为韩信、彭越一旦
不来，就没法打垮项羽，日后天下到底归谁，就成了问题。
故而张良还是说服刘邦眼下必须隐忍，小不忍就要坏大事。
长期受张良熏陶的刘邦，自然能心领神会。

刘邦说张良是"运筹帷幄之中，决胜千里之外"，是一
个以谋略见称的人。但张良又不仅只有谋略，而是集兵家与
道家的智慧于一身的带有神秘色彩的人物。司马迁笔下的张
良，对后代小说、戏剧中的"军师形象"系列的形成，诸如

《三国演义》中的诸葛亮、《水浒传》中的吴用、《隋唐演义》中的徐茂公，以及明代历史故事中的刘伯温等等，都有重要的影响。

二、张良的自我防护谋略

张良是黄老哲学的化身，黄老哲学的重要特点之一就是讲究养生，讲究如何保护自己。上面我们已经讲了张良帮着刘邦与秦朝斗、帮着刘邦与项羽斗、帮着刘邦与功臣斗。下面我们就讲讲张良是如何留着一份心思与刘邦、吕后斗。其主要表现如下：

（一）张良在权力面前处处退避，常把"为韩报仇"挂在嘴上，不争权、不谋利，从不引起刘邦的猜疑与担忧。他总与刘邦保持一定距离，保持一种"半朋友、半宾客"的可进可退的状态。刘邦一生谁都骂，包括对吕后、对萧何，一张嘴就是"你爸爸""你老子"；但从来没骂过张良，对张良总是客气地称"子房"，称"先生"。

（二）张良在封赏面前尽力退让。刘邦称帝后，大量分封在灭秦灭项过程中的有功之臣，但张良没有攻城斩将的功劳，很多人瞧不起他，刘邦却对张良说："运筹策帷帐中，决胜千里外，子房功也。自择齐三万户。"张良则说："始臣起下邳，与上会留，此天以臣授陛下。陛下用臣计，幸而时中，臣愿封留足矣，不敢当三万户。"于是刘邦封张良为留侯。

留地处河南中部，是兵荒马乱最严重的地区，估计在当时全县连三千户也不会有。这与其他文臣武将的相互争夺、相互攀比形成对照。

（三）张良给刘邦出主意、提建议，多是等刘邦向他发问时，他才开口；或是让别人先说，再看情况决定自己是否跟着补充，总之多是后发制人。而且他即使说，也是点到为止，从不过分坚持，不惹刘邦讨厌。如鸿门宴前夕，项伯给张良送来消息，说项羽明天一早就要出兵消灭刘邦，形势非常危急，是刘邦先急迫地问张良"如之奈何"时，张良才说项伯已经来到门前，把项伯推荐给了刘邦。又如刘邦在彭城大败，狼狈西逃时，是刘邦先问张良："吾欲捐关以东等弃之，谁可与共功者"时，张良才向他推荐了彭越、黥布、韩信三将。

再如刘邦第一次打入咸阳时，贪恋咸阳宫里的金银珠宝和美女，就想住在咸阳宫里，当时先有樊哙出来劝说，刘邦不听；于是张良出来跟着一劝，刘邦才采纳，退回了霸上兵营。又如当刘邦扭不过部下众将的意愿，遂想建都洛阳时，是娄敬先出面劝阻，提议建都关中；而后张良才跟着又一劝，使得刘邦立即拍板定案。

（四）在护卫太子的问题上，刘邦晚年宠爱戚夫人和小儿子赵王如意，要废掉太子刘盈，为此周昌、叔孙通都坚决反对。叔孙通甚至态度激烈地说："陛下必欲废适而立少，臣愿先伏诛，以颈血污地！"张良这时如何表现呢？他一言不发。后来被吕后逼得没有办法的时候，他才推出了"商山四皓"。刘邦废太子对汉王朝的稳定不利，张良懂不懂？当然懂。周昌、叔孙通的坚决反对、勇敢直言，乃至不怕死的精神好不好？当然好。既然如此，张良为什么不说话、不表态？没法说，管不了，徒劳无益，白给自己惹麻烦，而又于事无补。因为刘邦为情所迷，已经到了不计一切后果的地步。没想到刘邦居然因"商山四皓"改变了废太子的主意，于是歪打正着，张良一下子又成了出奇策以救助太子的大恩人。

（五）当刘邦、吕后杀功臣的时刻，张良闭门不出，明哲保身。《留侯世家》写张良在高祖六年（前201）这一年中的表现说："留侯从入关。留侯性多病，即道引不食谷，杜门不出岁余。"在张良装病，一年多闭门不出的时间里，朝廷中发生了什么事情呢？据《陈丞相世家》说：

"汉六年，人有上书告楚王韩信反。高帝问诸将，诸将曰：'亟发兵坑竖子耳。'高帝默然。问陈平，平固辞谢，曰：'诸将云何？'上具告之。陈平曰：'人之上书言信反，有知之者乎？'曰：'未有。'曰：'信知之乎？'曰：'不知。'陈

平曰：'陛下精兵孰与楚？'上曰：'不能过。'
平曰：'陛下将用兵有能过韩信者乎？'上曰：'莫
及也。'平曰：'今兵不如楚精，而将不能及，而
举兵攻之，是趣之战也，窃为陛下危之。'上曰：
'为之奈何？'平曰：'古者天子巡狩，会诸侯。
南方有云梦，陛下弟出伪游云梦，会诸侯于陈。陈，
楚之西界，信闻天子以好出游，其势必无事而郊迎
谒。谒，而陛下因禽之，此特一力士之事耳。'"

于是韩信就这样毫无准备地为刘邦所擒。但因为确实没
有根据，故而又只好将他释放，只是降为淮阴侯，软禁在京
城里。

到了高祖十一年（前196），张良又向刘邦、吕后请求
辞职，说是要去学当神仙。《留侯世家》是这样写的："留
侯乃称曰：'家世相韩，及韩灭，不爱万金之资，为韩报仇
强秦，天下振动。今以三寸舌为帝者师，封万户，位列侯，
此布衣之极，于良足矣。愿弃人间事，欲从赤松子游耳。'
乃学辟谷，道引轻身。"张良这些奇怪的举动都是为何而起？
这一年又发生了什么事情呢？首先是这一年的正月，韩信被
杀了。《淮阴侯列传》说："舍人弟上变，告信欲反状于吕
后。吕后欲召，恐其党不就，乃与萧相国谋，诈令人从上所
来，言豨已得死，列侯群臣皆贺。相国绐信曰：'虽疾，强

入贺。'信入，吕后使武士缚信，斩之长乐钟室。信方斩，曰：'吾悔不用蒯通之计，乃为儿女子所诈，岂非天哉！'遂夷信三族。"

接着两个月后，又是彭越被杀。据说当时有人告发彭越造反，于是彭越被刘邦很容易地逮到京城。由于没有证据，刘邦只好将他流放到四川的青衣县。据《彭越列传》说："西至郑，逢吕后从长安来，欲之雒阳，道见彭王。彭王为吕后泣涕，自言无罪，愿处故昌邑。吕后许诺，与俱东至雒阳。吕后白上曰：'彭王壮士，今徙之蜀，此自遗患，不如遂诛之。妾谨与俱来。'于是吕后乃令其舍人告彭越复谋反。廷尉王恬开奏请族之。上乃可，遂夷越宗族。"接着吕后又将彭越煮成肉粥分给众人喝，黥布接到肉粥后，感到害怕，于是干脆造反了。

这些事情都发生在这一年张良高唱要辞官为民，要抛弃人世间的一切事务，去跟着赤松子学当神仙，以及他不再吃粮食，专门练气功，学习"道引轻身"的时刻。

宋代司马光《通鉴考异》评论张良的这种表现说：

"以子房之明辨达理，足以知神仙之为虚诡矣；然其欲从赤松子游者，其智可知也。夫功名之际，人臣之所难处。如高帝所称者，三杰而已；淮阴诛夷，萧何系狱，非以履盛满而不止耶！故子房托于

　　神仙，遗弃人间，等功名于外物，置荣利而不顾，
所谓'明哲保身'者，子房有焉。"

　　对于张良，前人有两种评价，一种说张良是个善于玩弄
权术的阴谋家；另一种说张良是个清高出世，不考虑个人利
益的圣贤。我以为两者都不是。张良是"黄老"的化身，他
运用"黄老"应付一切问题的能力已达到炉火纯青的地步。
别人看来，"先帮着刘邦与秦朝斗，又帮着刘邦与项羽斗，
又帮着刘邦与功臣斗，同时还要留一份心思与刘邦、吕后
斗"，这一辈子不是活得太累了吗？别人是觉得累，但张良
运作起来却游刃有余、如鱼得水。

三、神秘虚幻的文风与精妙细致的心理刻画

　　《留侯世家》的文章艺术是很精彩的，我觉得主要体现
在两方面：

　　其一是整个文章带有一种虚幻飘忽的色彩，从而使人
物具有一种神话传奇的性质。例如作品写张良早期的情形
时说："良尝学礼淮阳，东见沧海君，得力士，为铁椎重
百二十斤。秦皇帝东游，良与客狙击秦皇帝博浪沙中，误中
副车。秦皇帝大怒，大索天下，求贼甚急，为张良故也。良
乃更名姓，亡匿下邳。"这张良的第一个亮相就十分惊人。

明代陈仁锡说："子房一椎，宇宙生色。"（《史记评林》引）但这里的张良，还只是一个荆轲、高渐离一流的刺客形象，还不是后来作为"帝王师"的张良。

作品随后写道：

"良尝间从容步游下邳圯上，有一老父，衣褐，至良所，直堕其履圯下，顾谓良曰：'孺子，下取履！'良愕然，欲殴之。为其老，强忍，下取履。父曰：'履我！'良业为取履，因长跪履之。父以足受，笑而去。良殊大惊，随目之。父去里所，复还，曰：'孺子可教矣。后五日平明，与我会此。'良因怪之，跪曰：'诺。'五日平明，良往。父已先在，怒曰：'与老人期，后，何也？'去，曰：'后五日早会。'五日鸡鸣，良往。父又先在，复怒曰：'后，何也？'去，曰：'后五日复早来。'五日，良夜未半往。有顷，父亦来，喜曰：'当如是。'出一编书，曰：'读此则为王者师矣。……'遂去，无他言，不复见。旦日视其书，乃《太公兵法》也。"

简直是一短篇传奇小说。清代吴见思说："此节夜半来去，悄悄默默，写有鬼神气。"（《史记论文》）日人有井范平说："《左传》善写鬼，此段若有若无之事亦类鬼。史公盖自狐突见太子申生之章变化来，极夺胎换骨之妙。"(《史记评林补标》)这段故事的真假是值得怀疑的，至少是有一定夸张虚构的成分，也可能是出自当时人们的一种传说。但是不管怎样，这段文字对于张良性格的发展是极其重要的，从此他那种鲁莽的侠气一扫而去，完全变成一个以黄老思想为基础，以阴谋权变、纵横捭阖为能事而又带有某些神道气的人了。接着作品就写了张良一系列的筹谋划策，而这些往往又都是"说沛公，沛公善之，常用其策；良为他人言，皆不省"的，岂不是怪事？

作品最后说："子房始所见下邳圯上老父与《太公书》者，后十三年从高帝过济北，果见谷城山下黄石，取而葆祠之。留侯死，并葬黄石。每上冢伏腊，祠黄石。"这样一写，不仅照应了前文，而且连张良的死也具有了一种神秘色彩。清代吴见思说："文应授书老父，似有如无，终以不了了，倘恍莫测。"（《史记论文》）鲁迅在《中国小说史略》中评《三国演义》之得失说："欲显刘备之长厚而似伪，状诸葛之多智而近妖。"我看罗贯中这种方法很可能是受了《留侯世家》的影响，不过二者所不同的是，罗贯中是真心歌颂诸葛亮，而司马迁则是于行文之中多少流露出一种揶揄之意。

其二是作品在描写张良的心理性格上，有些地方相当精彩细致。如前面所引的圯上老人授书一节，就把老人的洒落奇诡，与张良的先是厌恶忍耐，后是惊异好奇之状，摹写得极其逼真。

又如作品写刘邦分封功臣时的情景说："上已封大功臣二十余人，其余日夜争功不决，未得行封。上在洛阳南宫，从复道望见诸将往往相与坐沙中语。上曰：'此何语？'留侯曰：'陛下不知呼？此谋反耳。'"这也是作者在表现张良的权术，表现他在刘邦面前是怎样达到"言听计从"的。唐代刘知幾说："群小聚谋，侯问方对。若高祖不问，竟欲无言邪？且诸将图乱，密言台上，犹惧觉知。群议沙中，何无避忌？然则复道之望，坐沙而语，是敷衍妄益耳。"（《史通》）

《留侯世家》所记的都是关系着天下存亡的大事情，但因为有些事情已经在项羽、高祖、韩信等其他人的纪传中讲过了，所以这里只能稍稍点到，一带而过。比较详细展开的是集中表现张良心理性格的部分。

第五讲

列传选读 英雄不问出身

"礼贤下士"和"士为知己者死"的社会意义

　　明代茅坤《史记钞》中说："信陵君是太史公胸中得意人，故本传亦太史公得意文。"这话是不错的。信陵君的确是司马迁精心刻画的历史人物，在信陵君身上寄托着司马迁重要的社会理想。《魏公子列传》的确也是《史记》中最生动、最感人的篇章之一，这里面不仅写了信陵君，同时还写了侯嬴、朱亥等一系列人物，有的人物虽然着笔不多，但也都凛凛有生气。整篇文章的字里行间洋溢着作者的无限深情，抒发了他无限的感慨。司马迁为什么如此喜爱信陵君？他在《魏公子列传》里究竟寄托了哪些理想和感情？对于这些理想和感情应该怎样评价？这里谈几点个人的看法。

一、信陵君"礼贤下士"成就功业

　　《太史公自序》说："能以富贵下贫贱，贤能诎于不肖，唯信陵君为能行之，作《魏公子列传》第十七。"很明显，司马迁在本传中是把信陵君作为一个礼贤下士的人物来写的。因此，作品的一开头就说："公子为人仁而下士，士无贤不肖皆谦而礼交之，不敢以其富贵骄士。"接着就大篇幅地描写了迎侯嬴的过程。侯嬴本是大梁夷门的一个守门人，年老家贫，地位低下，可是当信陵君知道他是一位贤士的时候，就亲自"往请，欲厚遗之"。结果侯嬴不受。于是信陵君便"置酒大会宾客"，等宾客皆已坐定，信陵君亲自"从车骑，虚左"，往迎侯生。当侯生"摄敝衣冠，直上载公子上坐，不让"的时候，信陵君不嫌他"傲慢无礼"，而为之"执辔愈恭"。当侯生还要信陵君为他赶着车到市屠中去会朱亥时，信陵君不顾市人的耻笑，"引车入市"，以至"色终不变"地等候着侯生"久立与其客语"。当信陵君把侯生迎到家中，满堂宾客都还正在恭敬地等候着信陵君迎来的贵客。信陵君把侯生请到上座，把客人们一一向侯嬴做了介绍，接着又亲自起身为侯生敬酒。信陵君对侯生这一系列少有的恭敬，弄得"宾客皆惊"。这样的"礼贤下士"，真可以说是做到家了。另外，当信陵君得知朱亥也是一个隐于屠间的贤者时，他便多次地去拜访。后来在赵国时，他又结识了藏于赌博之徒和卖浆家的毛公和薛公。

在当时那种等级森严的社会里，作为贵族公子的信陵君，能够不以富贵骄士，只要闻有贤士在，就不惜屈尊相就，再三拜访，这种态度是很难得的。

另一方面，信陵君礼贤下士不只是表现在接待贤士的礼数上，更重要的是真正地信任他们，听从他们的意见。当信陵君留在赵国，秦"日夜出兵东伐魏"，魏王不得已，请信陵陵君回国时，信陵君怕魏王记着旧账，不敢回去，对门下人说："有敢为魏王使通者，死。"旧有的宾客没有人敢再劝了，这时，毛公、薛公就出来对他说："今秦攻魏，魏急而公子不恤，使秦破大梁而夷先王之宗庙，公子当何面目立天下乎？"两人的话尚未说完，信陵君"立变色，告车趣驾归救魏"。这件事，从宾客的角度说，真可谓大义凛然，一语千钧；从信陵君的角度说，闻过则改，也真可谓是"从谏如流"了。

信陵君就是这样靠着贤士们的帮助，建立了他的功业。"窃符救赵"是在宾客们的帮助下完成的。信陵君在魏国，就是由于他"贤，多客"而使得别国"不敢加兵谋魏十余年"。根据历史考察，这所谓"不敢加兵谋魏十余年"显然是被司马迁夸张了的。而司马迁之所以如此，是因为他要通过这些事来反映自己的一种社会理想，表明自己的一种政治见解。他认为，作为一个国家的执政者必须要礼贤下士，广开才路，要让天下的贤士都到自己这个国家来，要让他们各尽所能，各得其所。只有这样，才有希望使自己国家达到像春秋五霸、像三王、像五帝那样的境界。

二、侯嬴"士为知己者死"殚诚毕虑

在《魏公子列传》中，被信陵君所礼遇的人物有侯嬴、朱亥、毛公、薛公等，其中尤以侯嬴为重要。侯嬴也是司马迁倾心歌颂的人物之一，在侯嬴身上寄托着司马迁为人处世的一种道德观念，这就是"士为知己者死"。当作品中的侯嬴第一次出现在读者面前时，他就与战国时期那种朝秦暮楚的食客完全不同。他不是那种只凭三寸不烂之舌依附于统治阶级，专为获取个人功名富贵的人。他隐居市井，不慕荣利，甚至信陵君去拜访他，他都不肯见。当信陵君欲"厚遗之"时，他不肯受，说："臣修身洁行数十年，终不以监门困故而受公子财。"后来，当侯嬴确知信陵君对自己的诚意后，才接受了邀请。也就是说，这时他已经把信陵君看成自己的"知己"，于是他决心把自己的一切奉献给信陵君。

侯嬴年过七十，是一个老谋深算、有心机、有见解，在关键时刻可以信赖的人。当秦国的大军包围了邯郸，赵国的灭亡就在眼前，而赵国一旦灭亡，那么下一个危机就将降临到魏国头上，这是显而易见的。但是魏王惧怕秦国，不敢出兵相救。信陵君无计可施，最后孤注一掷，准备亲赴秦军，来与侯嬴告别时，作为曾被信陵君优礼相待的侯嬴，既不相从，也无言相送，只是冷冷地说："公子勉之矣，老臣不能从。"当信陵君走出一段路，觉得不甘心，于是又回来向侯赢讨教时，侯赢才具体地说明了这样是前去送死的失策。

　　侯赢虽然是一个小小的夷门守门者，但他对当时的形势却了如指掌。他深知这次救赵的意义，也考虑好了救赵唯一可行的方案，即窃符夺取晋鄙兵。可是"将在外，主令有所不受"，倘若晋鄙不交出兵权又该怎么办？为此，侯赢又考虑好了让朱亥随同信陵君前往，到时候，晋鄙听从命令交出兵权便罢，倘若不交出兵权，那就只能让朱亥杀死他，这是不容有一点迟疑疏忽的。这些都表现了侯赢的老谋深算，同时也突出地表现了他对信陵君的一片忠心。

　　当这一切全都安排停当，照理说侯赢应该是眼望胜利旗，耳听好消息了，可是出人意外地侯赢却对信陵君说："臣宜从，老不能。请数公子行日，以至晋鄙军之日，北向自刭，以送公子。"侯赢为什么一定要用死来送信陵君呢？这种死又有什么意义呢？我认为，侯赢的自刭乃是为了坚定信陵君夺晋鄙军的决心，是企图以自己的死来强化信陵君的信念，叫他到时不要手软。晋鄙的确是"宿将"，而且又是"无辜"的。信陵君的为人又是一贯仁爱，因此，当开始侯赢提出这个计划时，信陵君就掉了眼泪，说："往恐不听，必当杀之，是以泣耳！"这是一种不好的苗头，这种思想不解决，到时候就要误事。这是侯赢最为担心的。所以他告诉信陵君说："请数公子行日，以至晋鄙军之日，北向自刭，以送公子。"也就是说，请您记着，当您踏进晋鄙军门的时候，那也正是我自杀的时候。侯嬴的死不是无谓的，是有重要价值的，是促成信陵君救赵安魏这一历史壮举必不可少的因素之一。侯嬴的这番苦心，和司马迁这段精心描写的意义，应该得到明确的提示。

三、"礼贤下士"和"士为知己者死"的现实意义

《魏公子列传》的主题是歌颂信陵君的"礼贤下士"和侯嬴的"士为知己者死"，而这两个主题又是通过"窃符救赵"这个中心事件来表现的。当时的形势是，秦国白起于长平破赵军四十余万后，进而包围了邯郸。这时赵国的元气已损伤殆尽，面临着灭亡的危险。魏国和赵国是唇齿相依的邻邦，赵国亡了，魏国也难保住。因此，救赵与不救赵关系着魏国自身的生死存亡。由于信陵君当时采取了窃符救赵的果断行动，因而挫退了秦兵，挽救了赵国，同时也暂缓了东方六国的危险局面，其影响是很大的。当然，邯郸解围的因素很多，首先是由于秦国的残暴坑杀激起了赵国人民的仇恨，使赵国从贵族到贫民，举国上下，团结一心，进行了顽强的抗敌斗争。例如像平原君这样的大贵族也"令夫人以下编于士卒之间，分功而作，家之所有尽散以飨士"。赵国的勇士李同自愿组织了敢死队三千人，猛烈地冲击秦军，打得秦军

史记应该这样读

"却三十里"。这都是赵国人民力量的突出表现。其次是长平之战后，秦国内部出现了尖锐矛盾。秦昭王听信范雎的谗言，杀害了大将白起，改任郑安平为将；而郑安平被赵军包围后，率领着两万人投降了赵国，从而使得秦国的军事力量大受损伤。最后是同盟国的援助，特别是与魏国的援助分不开。由于魏国首先出兵，其他五国也相继出兵，终于会同赵国挫败了强秦，也使东方又一次出现了六国合纵、联合抗秦的局面。而达到这一点的一个先决条件则是侯嬴为信陵君谋划的窃符以夺晋鄙兵的计谋。没有这一条，后面的壮举就难以实现。而为了窃符以夺晋鄙兵，侯嬴献出了生命，朱亥等人也都尽了自己的力量，这是信陵君"礼贤下士"的结果，同时也是侯嬴、朱亥等"士为知己者死"的归宿。侯嬴、朱亥等人是在国家存亡的关键时刻起了作用的，他们的活动有鲜明的政治色彩。我想这大概就是《魏公子列传》之所以特别感染人的主要原因吧。

当然，司马迁在歌颂信陵君、侯嬴这些历史人物的时候，明显地还有一种批判汉代现实，嘲讽汉代上流社会的意思。例如，他歌颂信陵君的"礼贤下士"，正是为了批判汉代列祖列宗们的不"礼贤下士"，甚至嫉贤杀士；他歌颂侯嬴等人的"士为知己者死"，正是为了嘲讽汉代官僚社会的人情冷暖、世态炎凉。在这里，司马迁是有他切身之痛的。当他犯了"法"，"家贫，财赂不足以自赎"的时候，"交游莫

188

救，左右亲近不为一言"。只有到这种时刻，他才深切体会
到那种忠于知己，那种能"急人之难"，能"脱人于困厄"
的侠义行为是多么可贵，而那种朝秦暮楚，翻手为云、覆手
为雨的势利小人是多么可憎。司马迁就是这样带着对汉代世
俗的无比愤怒来描写侯赢、朱亥等这些他所敬佩的人物的。
因此，这篇传记除了有突出的现实意义外，还有极强大的抒
情性。我想这大概就是《魏公子列传》所以特别感染人的另
一个重要原因吧。

四、卓绝纯熟的写作技巧

《魏公子列传》的写作技巧，在《史记》文章中是属于
上乘的，比较突出的有以下几点：

第一是剪裁。因为本文的中心是突出魏公子的待客以诚
和宾客对公子的以死相报，所以作者便有意识地把那些表现
魏公子个人才干的事情略写，或者放在其他篇章去叙述。例
如在写魏公子的军事才干时，只是说他夺得晋鄙兵后，"勒
兵下令军中曰：'父子俱在军中，父归；兄弟俱在军中，兄
归；独子无兄弟，归养。'得选兵八万人，进兵击秦军，秦
军解去"，这样一带而过。但这寥寥几句，已足以表现出魏
公子的大将气魄与风度了。又如，魏公子曾有一大段很精彩
的反对魏王亲秦伐韩的议论，突出表现了他对当时国与国间

形势的深刻分析，反映了他的政治眼光。但这段话很长，又与本文要表现的中心不合，于是司马迁就把它写到《魏世家》中去了。这些方面的有意压缩，与迎侯嬴、访朱亥过程的有意展开，保证了魏公子礼贤下士、虚己待人这个主题思想的突出。

第二是把魏公子的各项活动都放到与魏国兴亡密切相关的重大政治背景上来表现。例如本文一开头就说："当是时，诸侯以公子贤，多客，不敢加兵谋魏十余年"；当魏公子留居赵国的时候，文章说："秦闻公子在赵，日夜出兵东伐魏"；当魏公子回国，重新担任统帅的时候，文章说："诸侯闻公子将，各遣将将兵救魏。公子率五国之兵破秦军于河外，走蒙骜。遂乘胜逐秦军至函谷关，抑秦兵，秦兵不敢出"；当魏王中了反间计，公子悲愤病酒而死时，文章说："秦闻公子死，使蒙骜攻魏，拔二十城，初置东郡。其后秦稍蚕食魏，十八岁而虏魏王，屠大梁。"这样就突出了魏公子大公无私、光明磊落的高尚品格，也抒发了作者"人之云亡，邦国殄瘁"的无限感慨。这种写法在《史记》中还见于《屈原列传》《廉颇蔺相如列传》等，而以《魏公子列传》最为突出。

第三是多方面、多层次的对比衬托。例如魏王的昏聩平庸与魏公子的从容大度是一种鲜明的对比，这在对博闻警一段中表现得极为精彩；平原君的不识人、假爱士与魏公子的真识人、真爱士又是一种鲜明对比，这在对待毛公、薛公上表现得清楚极了；侯嬴的阴鸷深谋、老诚持重与魏公子的宽厚慈和、热诚仁爱又是一种对比，这在筹划杀将夺兵之计时表现得异常明显。最后《魏公子列传》作为一个整体，它和《孟尝君列传》《平原君列传》《春申君列传》也是对比，四位公子的相同之处只是"好养士"。而四人思想品质、精神境界的差别是难以计量的。魏公子的性格、形象正是在这种多方面、多层次的对比映衬中突显出来，给读者留下了很深的印象。

第四是语言的形象性与抒情性。文中有许多人物神情与故事场面的描绘都非常精彩，如表现侯嬴考验魏公子诚意时所写："侯生摄敝衣冠，直上载公子上坐，不让，欲以观公子。公子执辔愈恭。侯生又谓公子曰：'臣有客在市屠中，愿枉车骑过之。'公子引车入市。侯生下见其客朱亥，俾倪，故久立与其客语，微察公子。公子颜色愈和。当是时，魏将相宗室宾客满堂，待公子举酒。市人皆观公子执辔。从骑皆窃骂侯生。"这段话表现同一场面中几个不同人物的心理神情，以及他们之间的矛盾关系，有如当今电视电影之镜头切换，真是妙笔生花。

这篇文章的抒情性首先表现在作者对魏公子的景慕、敬仰、同情和痛惜上。例如，当文章写到"诸侯以公子贤，多客，不敢加兵谋魏十余年"，以及公子预先知道赵王是打猎，而不是向魏国进攻时，作者笔下流露出赞颂之情；当写到魏公子虚心诚意迎接侯嬴的时候，作者笔下就带有一种钦敬和赞赏之情；当文章写到窃取兵符、夺军救赵的时候，文章就显示出悲壮慷慨、大义凛然的气势；当文章最后写到这位一代英杰终遭谗废，病酒而卒时，作者感慨伤怀，似乎已是在长歌当哭了。作者在这里悲悼千古英雄，也仿佛在悲悼自己的坎坷身世。再加上日后刘邦为魏公子设祭的余波，以及"太史公曰"一唱三叹的赞美，就使得这篇传记具有了浓厚的抒情色彩。其他如本文不与《孟尝君列传》《平原君列传》《春申君列传》取齐称为《信陵君列传》，而独称为《魏公子列传》；同时在行文中也是反复称"公子"，共称了104次，这种情况在《史记》全书中也是独一无二的。司马迁无限倾慕的亲切感情，溢于笔下。

以四人的英烈传寄寓赵国的兴亡史

《廉颇蔺相如列传》是廉颇、蔺相如、赵奢、李牧四人的合传。因为这四个人都有才干，忠心耿耿，关系着赵国的兴亡，所以司马迁把他们写在了一起。我们可以说这篇作品是廉颇、蔺相如、赵奢、李牧四人的英烈传，同时也是赵国的兴亡史。作者的感情浓烈，兴寄遥深。

一、社会理想与兴亡之感的寄寓

关于这篇文章的思想意义，我想谈两点：

第一，作者描写和歌颂了一批明显带有自己社会理想的人物。他们才情卓越、品质崇高、忠心耿耿、无私无畏地把自己贡献给了保卫国家的豪迈事业。其中尤以蔺相如最为作者所欣赏。《太史公自序》说："能信意强秦，而屈体廉子，用徇其君，俱重于诸侯。作《廉颇蔺相如列传》第二十一。"本列传中的"太史公曰"也说:"知死必勇,非死者难也,处死者难。方蔺相如引璧睨柱,及叱秦王左右,势不过诛,然士或怯懦而不敢发。相如一奋其气,威信敌国,退而让颇,名重太山,其处智勇,可谓兼之矣!"两处都是单独称颂蔺相如一个人,可见蔺相如在本文中的位置是何等的重要。在本文中,作者首先是突出地表现了蔺相如在对敌斗争中的英勇机智、威信敌国。例如当他奉璧奏秦王,见秦王将璧"传以示美人及左右"而"无意偿赵城"的时候,他假说"璧有瑕,请指示王"而将璧骗了回来。这时他"持璧却立,倚柱,怒发上冲冠"。他厉声地斥责了秦王的无礼无信,并警告秦王说:"大王必欲急臣,臣头今与璧俱碎于柱矣!"说着就"持其璧睨柱,欲以击柱",这里的智与勇,真令人惊叹莫及。

　　但是,光有这一点还不足以使他与毛遂、唐且、荆轲等这些策士、游侠划清界限,还不足以表明蔺相如是个有风度的政治家。蔺相如更使人感动、更带有政治色彩的动人事迹,是表现在处理他和廉颇的关系上。由于他的两次出使都为国家建立了特殊的功勋,因而他在朝廷上的地位很快升到了廉颇之上。这件事情引起了勋高德劭且年纪又大的廉颇的不满,廉颇憋着劲向他找茬儿。这时蔺相如一反过去对敌的那种勇敢强硬,而处处表现了隐忍退让。当他的舍人们都感到难以忍受,而纷纷要求辞去时,蔺相如对他们说:"夫以秦王之威，而相如廷叱之，辱其群臣，相如虽驽，独畏廉将军哉？顾吾念之，强秦之所以不敢加兵于赵者，徒以吾两人在也。今两虎共斗，其势不俱生。吾所以为此者，以先国家之急而后私仇也。"这是多么宽广的胸襟，多么识大体、顾大局的表现啊！清代郭嵩焘说："战国人才以蔺相如为首，其让廉颇可谓远矣，庶几与闻君子之道者也。"（《史记札记》）这种先公后私的高尚胸怀不仅感动了负气争胜的廉颇，也使虎狼般的强秦为之却步。蔺相如是司马迁最喜爱、最崇敬的人物之一。由于司马迁这篇列传的流传和影响，遂使蔺相如流芳百世。蔺相如那种崇高的精神品质长久地影响着后人，成了对人们进行思想教育的一份极其宝贵、生动的教材。

对于廉颇、赵奢、李牧，司马迁主要是称道他们的将才。对于廉颇，作品一开头就说他"为赵将伐齐，大破之，取阳晋，拜为上卿，以勇气闻于诸侯"。后面又写了他镇守长平时"秦数败赵军，赵军固壁不战。秦数挑战，廉颇不肯"的老成持重；对赵奢，作品集中表现了他解阏与之围的军事才能；对李牧，作品写了他先示敌人以弱形，而后出奇计"大破杀匈奴十余万骑。灭襜褴，破东胡，降林胡，单于奔走。其后十余岁，匈奴不敢近赵边城"。但较此三人，作者明显对廉颇的精神气质是更为欣赏的。作品写廉颇送赵王去渑池赴会，临别时说："王行，度道里会遇之礼毕，还，不过三十日。三十日不还，则请立太子为王，以绝秦望。"话虽不多，但廉颇的大将风度却已油然而出。而蔺相如之所以能在渑池会上勇挫秦王，不也正是因为有廉颇的武力作后盾吗？早在春秋时期孔子就讲过："有文事者必有武备，有武事者必有文备。"（《孔子世家》）就是针对这种情况而言。廉颇先是不服相如，企图挑衅闹事，后来一旦醒悟，立即负荆请罪，这种大公无私，肝胆照人，更成了千古佳话。尤其不寻常的是，他晚年尽管因遭谗言诋毁而流落他邦，但是他对赵国的无限忠诚至死不变。他用"一饭斗米，肉十斤，被甲上马"来表示自己不老，渴望被赵国重新起用。这种高尚品质真是千载之下犹令人感动。

第二，作者抒发了一种得贤者昌，失贤者亡，"人之云亡，邦国殄瘁"的无限兴亡之感。赵惠文王在位（前298—前266）时，赵国虽小，但他上继赵武灵王的事业，国内人才济济，还是颇为强盛的。而其强盛的原因之一就在于他的任贤使能。廉颇有攻城野战之功自不待言，而蔺相如第一次与赵王见面，就被赵王破格使用，使他由一个微贱的舍人一下子成了一个身系国家之重的使臣。相如出使而不辱使命，一次归来即拜为上大夫；二次归来遂"拜为上卿，位在廉颇之右"。这种破格使用、大胆提拔，也真是够惊人的了。

赵奢本来也只是个田部吏，"平原君以为贤，言之于王"，于是惠文王"用之治国赋"。后来秦围赵军于阏与，形势危急，廉颇、乐乘这些名将都说不可救，而惠文王却硬是采纳了赵奢的意见，并起用为将，结果大破秦军。正因为惠文王能用人，能得人之力，所以这时的赵国虽处于齐、秦之间，但这些大国却不敢对赵国轻举妄动。

到了赵孝成王时，情况就大不相同了，他硬是不听取赵奢的遗言，不采纳蔺相如的劝告，不用廉颇之谋，而偏偏信用那个纸上谈兵的赵括，结果四十五万人被白起坑于长平。宋代洪迈说："赵括之不宜为将，其父以为不可，母以为不可，大臣以为不可；秦王知之，相应侯知之，将白起知之，独赵王以为可，故用之而败。"（《容斋随笔》）赵括败后，赵国重新起用廉颇，"大破燕军于鄗，杀栗腹"，使燕国不得不"割五城请和"。谁想赵孝成王死后，廉颇又被孝成王的儿子悼襄王所罢斥，使廉颇这样的名将，终生饮恨，死于楚国。

赵国最后一位名将是李牧，李牧为赵将十几年间，"大破杀匈奴十余万骑，"又"灭襜褴，破东胡，降林胡"；又"破燕军，杀剧辛"；又"击秦军于宜安，大破秦军，走秦将桓齮"。就是这样一位军功累累、忠心耿耿的名将，最后竟也被听信了叛徒郭开谗毁的赵王迁给杀害了。文章说："秦多与赵王宠臣郭开金，为反间，言李牧、司马尚欲反。赵王乃使赵葱及齐将颜聚代李牧。李牧不受命，赵使人微捕得李牧，斩之。"文章紧接着又说秦将"王翦因急击赵，大破赵葱，虏赵王迁及其将颜聚，遂灭赵"。这简直就是自毁长城，为敌人扫除道路。这种把整个国家的灭亡系于一人死后的写法，又见于《魏公子列传》《屈原列传》，这是对那些昏庸统治者的一种极痛切的批判。

二、光耀动人的形象和富有表现力的语言

本文最重要的艺术成就，是出色地塑造了蔺相如这个活生生的艺术形象。而写蔺相如，作者又是重点表现他的大智大勇、先公后私的精神品质，而不是写他处理军国事物的一般才干。因此，作者只截取了蔺相如一生中最具有传奇色彩，又最能表现人物精神的三个典型事例，即完璧归赵、渑池会、廉蔺负荆请罪来加以集中的描写。而写"渑池会"则是又把其他事情一概省去，只写了维护国家尊严一节，这就使人物的精神面貌表现得格外生动、突出了。同时作者为刻画这个人物，使用的方法也是多种多样的。例如，当秦王闻知赵国有璧而派人来要挟换取时，作品描写赵王与群臣的状态说："赵王与大将军廉颇诸大臣谋：欲予秦，秦城恐不可得，徒见欺；欲勿予，即患秦兵之来。计未定，求人可使报秦者，未得。"这运用的是对比烘托的手法。接着文章写宦者令缪贤举荐蔺相如，说："臣尝从大王与燕王会境上，燕王私握臣手，曰：'愿结友。'以此知之，故欲往。相如谓臣曰：

'夫赵强而燕弱，而君幸于赵王，故燕王欲结于君。今君乃亡赵走燕，燕畏赵，其势必不敢留君，而束君归赵矣。君不如肉袒伏斧质请罪，则幸得脱矣。'臣从其计，大王亦幸赦臣。臣窃以为其人勇士，有智谋，宜可使。"人物尚未登场，而其智慧之明决就已油然而出，这是侧面的铺垫。当在秦廷上，蔺相如以"璧有瑕，请指示王"的办法把璧骗到手后，脸色立刻一变，"怒发上冲冠"地厉声斥责了秦王的无礼无信，并警告他："大王必欲急臣，臣头今与璧俱碎于柱矣！"当相如见秦王并无真心以城换璧，他为摆脱眼前困境，争取时间将璧送回赵国，而顺口说："赵王送璧时，斋戒五日，今大王亦宜斋戒五日，设九宾于廷，臣乃敢上璧。"吴见思说："忽入斋戒奇，是一时匆忙，随口撰出，玩弄秦王如见。"当秦王斋戒五日，再次召见蔺相如时，蔺相如早已将璧送走，只剩下他一个人在这里等着接受秦王的处置了。他对秦王说："秦自缪公以来二十余君，未尝有坚明约束者也。臣诚恐见欺于王而负赵，故令人持璧归，间至赵矣。且秦强而赵弱，大王遣一介之使至赵，赵立奉璧来。今以秦之强而先割十五都予赵，赵岂敢留璧而得罪于大王乎？臣知欺大王之罪当诛，臣请就汤镬，唯大王与群臣孰计议之。"首先是不怕死，同时又把道理说得很透，因而使秦国君臣瞠目结舌，无可奈何。以上这些是正面描写，突出地表现了蔺相如的大智大勇。当蔺相如因功大而位居廉颇之上时，将相之间的矛盾激化了。作品描写这段故事说："廉颇曰：'我为赵将，有攻城野战之大功，而蔺相如徒以口舌为劳，而位居我上；且相如素贱人，吾羞，不忍为之下。'宣言曰：'我见相如，必辱之。'相如闻，不肯与会。相如每朝时，常称病，不欲与廉颇争列。已而相如出，望见廉颇，相如引车避匿。于是舍人相与谏曰：'臣所以去亲戚而事君者，徒慕君之高义也。今君与廉颇同列，廉君宣恶言而君畏匿之，恐惧殊甚，且庸人尚羞之，况于将相乎？臣等不肖，请辞去。'蔺相如固止之，……曰：'夫以秦王之威，而相如廷叱之，辱其群臣，相如虽驽，独畏廉将军哉？顾吾念之，强秦之所以不敢加兵于赵者，徒以吾两人在也。今两虎共斗，其势不惧生。吾所以为此者，以先国家之急而后私仇也。'廉颇闻之，肉袒负荆，因宾客至蔺相如门谢罪。曰：'鄙贱之人，不知将军宽之至此也。'卒相与欢，为刎颈之交。"从矛盾的触发到矛盾的高潮，对立的双方始终没有面对面直接交锋，情节的发展完全是用宾客背地里的传话作为穿插来推动的。直到最后解决矛盾时，作者才让双方会集一处。这种笔法以虚代实，别开生面。既省去了描写正面冲突的烦劳，又保护了英雄形象的完善，真是一举两得。蔺相如的性格就是在这一系列尖锐复杂的矛盾冲突中，在各处艺术手法的穿插使用中，得以充分展现的。蔺相如是《史记》中最光耀、最动人的形象之一。

　　本文艺术方面的另一个成就是它语言的形象生动、富有表现力。例如，当赵王接受宦者令缪贤的推荐而召来蔺相如，问他"谁可使者"的时候，蔺相如说："王必无人，臣愿奉璧往使，城入赵而璧留秦；城不入，愿请完璧归赵。"这里的措辞是十分得体的，表现了他不贪进，不疾取，不卑不亢，而又沉着坚定，信心十足。作品中的叙述描写语言也非常精彩。例如写相如骗回璧后，"因持璧却立，倚柱，怒发上冲冠"。这每一个词不仅极其生动准确，而且词的背后清楚地表现着蔺相如当时激烈紧张，又一丝不乱的心理活动。又如渑池会上，当赵王被迫鼓瑟，受到秦国的侮辱时，作品描写蔺相如说："蔺相如前曰：'赵王窃闻秦王善为秦声，请奏盆缶秦王，以相娱乐。'秦王怒，不许。于是相如前进缶，因跪请秦王。秦王不肯击缶。相如曰：'五步之内，相如请得以颈血溅大王矣！'左右欲刃相如，相如张目叱之，左右皆靡。于是秦王不怿，为一击缶。相如顾召赵御史书，曰：'某年月日，秦王为赵王击缶。'"这里的"相如前曰""相如前进缶""相如张目叱之""相如顾召赵御史"，也是每一个词都非常生动，而且富有戏剧指示性。他把开始秦国那种骄横，赵国那种怯懦，以及后来秦赵两国都对蔺相如言行举动的无限惊愕之状，刻画得极为明晰。明代茅坤说："非相如不能为此光景，非太史公不能描写此神色。"（《史记钞》）

　　《廉颇蔺相如列传》不论是思想性还是艺术性，都是很高的，它是《史记》作品中传播最广、最家喻户晓、最深入人心的篇章之一。

可鄙可悲的阴谋家形象永为世鉴

《李斯列传》全文八千字，是《史记》中篇幅较长，也是历史价值、文学成就都相当高的篇章之一。读《史记》的人不能轻易放过。这里来谈三点：

一、《李斯列传》的史料价值

《史记》中记述秦的统一及其最后灭亡的文章主要有三篇，即《秦始皇本纪》《李斯列传》《蒙恬列传》。《蒙恬列传》内容简单，涉及的史实不多，最重要的是《秦始皇本纪》和《李斯列传》。《秦始皇本纪》名目虽称秦始皇，实际上是秦始皇、秦二世、子婴的合纪，是整个秦朝由统一天下到彻底覆灭的兴亡史，是纲领性的。李斯是秦朝的丞相，是皇帝的左右手，秦朝的许多章程措施都是由李斯制定并付诸实行的，他对秦王朝的兴衰关系重大。如在他刚入秦国为长史时，秦王就听从他的计策，"阴遣谋士赍持金玉以游说诸侯。诸侯名士可下以财者，厚遗结之；不肯者，利剑刺之。离其君臣之计，秦王乃使其良将随其后"。又如秦统一天下李斯为丞相时劝导秦始皇"收去《诗》《书》百家之语以愚百姓，使天下无以古非今。明法度，定律令，皆以始皇起。同文书。治离宫别馆，周遍天下。明年，又巡狩，外攘四夷"。如此等等。我们要明确《李斯列传》与《秦始皇本纪》是互为补充、相辅相成的。

秦朝的灭亡与赵高的阴谋作乱有很大关系，而赵高作为一个奸谗小人，其所以能成大乱，又与李斯有很大关系。又因为《史记》中并没有为赵高立传，赵高的一切罪恶活动都记述在了《李斯列传》里，所以这篇文章又具有李斯、赵高合传的意义。司马迁认为，作为一个历史人物，李斯有功有过，赵高是无法与之相提并论的，这自然与他对李斯的看法、态度密不可分。明代茅坤说："《李斯传》传斯本末，特佐始皇定天下、变法诸事仅十之三，传高所以乱天下而亡秦，特十之七八。太史公恁地看得亡秦者高，所以酿高之乱者并由斯为之。此是太史公极用意文，极得大体处。"（《史记钞》）

赵高是我国古代最有名的阴谋家之一，他的手段比春秋时代吴国的伯嚭、汉代的王莽、唐代的卢杞，以及太平天国的韦昌辉，似乎都更巧妙、更阴险、更毒辣。司马迁详细地记载了赵高的一切言论行动，这给我们两千年来的许多善心读者打开了眼界，使我们认识到这些阴谋家都有着何等的心肠，和一些什么伎俩。诸如蛊惑不是法定的继承人来抢班夺权，实际上又是把他牢牢控制，使之成为自己的傀儡；又如借助一个或几个有资历、有权威但却软弱自私的人来给自己作旗号、作招牌，内里连打带拉，使之乖乖地遵照自己的指令行事；又如心狠手辣，毫不迟疑地以一切借口大肆诛杀功臣元老以及王室亲属，同时严厉推行酷吏统治，使全国臣民人人惴恐，逃死不暇，不敢非议国家政事；又如封官许愿，拉帮结派，迅速形成一个爆发的新贵集团，使之成为自己的死党。《李斯列传》如同一口铸着元凶大憨的巨鼎，它是那样的洞彻肺腑，它为人们擦亮了眼睛，有助于人们识别那些在堂皇冠冕掩盖下的阴谋家。

二、《李斯列传》中的李斯形象

李斯是《史记》中个性比较鲜明、形象比较丰满的人物之一。《李斯列传》在表现人物上不同于《项羽本纪》《高祖本纪》等那种铺陈场面，也不同于《田单列传》《刺客列传》等那种描写紧张的情节，它最突出的特点是集中力量刻画人物的心理情态，李斯的鲜明个性主要就是在这种生动细致的心理刻画中表现出来的。李斯在协助秦始皇统一六国的过程中有很大功绩，作者对此是承认的，司马迁在赞语中曾说他几乎可以和周公、召公并列。但是作为一个历史人物，从"通古今之变"，从总结历史经验的角度上看，李斯后期的罪责是更引人注意、更触目惊心的，它不仅葬送了国家，而且葬送了自己和自己的整个家族。因此这篇传记在剪裁上首先就表现出了作者的这种主观倾向，也就是以写李斯后期的罪责为主，他的历史功绩如前面所引，只用几句话一带而过了。李斯是个政治家，他有言论，有活动，可写的事情是很多的，但是本文没有写这些，而是紧紧围绕着李斯的为人，深入细致地刻画他极端卑劣自私的灵魂，这是作品在剪裁上的又一个明显的特点。作品里的写大事，写小事，写对话，引文章，一切都服从于这个中心环节。

　　李斯年少时为郡小吏，"见吏舍厕中鼠食不洁，近人犬，数惊恐之"；而"观仓中鼠，食积粟，居大庑之下，不见人犬之忧"。于是他叹息说："人之贤不肖譬如鼠矣，在所自处耳！"这是李斯第一次显露他那种不甘贫贱、一心向上爬的思想。这是关键性的。叶玉麟说："斯毕生得丧，在入仓观鼠一段，全罩通篇。"（《批注史记》）当他辞别荀卿，将西入秦的时候说："斯闻得时无怠，今万乘方争时，游者主事。今秦王欲吞天下，称帝而治，此布衣驰骛之时，而游说者之秋也。处卑贱之位而计不为者，此禽鹿视肉，人面而能强行者耳。故诟莫大于卑贱，而悲莫甚于穷困。久处卑贱之位，困苦之地，非世而恶利，自托于无为，此非士之情也。故斯将西说秦王矣。"所谓"得时无怠"，与下文李斯对秦王所说的"胥人者，去其几也；成大功者，在因瑕衅而遂忍之"意思相同。抓住一切可以利用的时机，毫不迟疑地当机立断，这是他劝导秦王处理一切政治、军事、外交事宜的总方针，也是他自己为人处世、安身立命的总原则。凌稚隆说："李斯之自谋与为秦谋，皆不外此一句。"（《史记评林》）这是十分准确的。所谓"诟莫大于卑贱，而悲莫甚于穷困"；所谓"处卑贱之位而计不为者，此禽鹿视肉，人面而能强行者耳"云云，与前面的观鼠一段相呼应，这是李斯对于人生意义、对于荣辱问题的总看法，是他日后一切活动、一切作为的出发点和归宿，是使他积极奋进、乘时建功立业的动力，也是使他日后陷入罪恶深渊的基因。

李斯到秦国后，秦王言听计从。在统一天下的过程中他功勋卓著，位至丞相，宠遇非凡。当秦始皇死于沙丘，赵高已与胡亥谋定欲更改诏书，杀扶苏，另立胡亥，并以此与李斯谋商时，李斯不是不知道这是"亡国之言"，"非人臣所当议"，也不是不知道自己身为宰相，深受皇帝倚托，现在面临变故，应该坚守职分。但是当赵高首先用"君侯自料能孰与蒙恬？功高孰与蒙恬？谋远不失孰与蒙恬？无怨于天下孰与蒙恬？长子旧而信之孰与蒙恬"五项个人利害以动之；其次又用"方今天下之权命悬于胡亥，高能得志焉。且夫从外制中谓之惑，从下制上谓之贼。故秋霜降者草花落，水摇动者万物作，此必然之效也。君何见之晚"以要挟之，最后又用"君听臣之计，即长有封侯，世世称孤，必有乔松之寿，孔墨之智；今释此而不从，祸及子孙，足以为寒心。善者因祸为福，君何处焉"以恐惧之。几番交锋之后，李斯完全缴械，被赵高制服了。赵高并没有什么高深的理论，他就是准确地抓住了李斯贪图爵禄、贪生怕死、保官保命的严重自私心理而猛下针砭，于是一鼓奏效。为持禄固宠、保官保命而使一位曾经立过卓越勋绩的大功臣、一位历史上少有的名相卖身投靠了阴谋集团，堕落成为千古罪人，这是多么触目惊心的事变啊！说是违心，而为了维护个人的私利恐怕也就不能说是违心了。司马迁在这里用了七百多字，详细地记述了赵高、李斯的往返对答，记述了李斯的堕落过程，作者的内心是充满感慨的。

秦二世即位后，法令诛罚日益严苛，群臣人人自危。又作阿房，治驰道，修骊山坟墓，徭役无已，人民无法生活，陈涉、吴广已经在东方揭竿而起了。李斯毕竟不同于赵高、胡亥那样只会搞阴谋，他的头脑是清醒的。他求见胡亥，希望有所劝谏，结果胡亥不听。胡亥追求的是"赐志广欲，长享天下而无害"。并且反问李斯位为丞相，何以使天下盗贼如此。面对这种局势，李斯又害怕了。他本是为要解决天下大事而来求见胡亥的，结果现在个人的地位爵禄发生了动摇。顾哪头呢？这时李斯的私念立刻膨胀起来，他"重爵禄，不知所出"，"欲求容"，于是一反初衷，给胡亥上了一篇《论督责书》，变本加厉地劝导胡亥实行严刑酷法。他引用韩非的意思说："慈母有败子而严家无格虏"；"布帛寻常，庸人不释；铄金百溢，盗跖不搏"；他鼓吹"灭仁义之涂，掩驰说之口，困烈士之行，塞聪掩明，内独视听"，"荦然独行恣睢之心而莫之敢逆"。于是胡亥大乐，督责益严，税民深者为明吏，杀人众者为功臣。于是国家大势，越发不可收拾了。这还能说李斯是出于不得已，是违心的吗？不，这是为了保命保官而出卖灵魂。作为国家的肱股大臣，为了维持个人的私利竟然到了不择手段、无所不用其极的地步。

当赵高杀扶苏，杀蒙恬，杀秦国的公子、公主，杀尽一切与自己有私怨的人后，紧接着又杀到李斯的头上来了。他玩弄计谋以激起胡亥对李斯的不满，又造谣诬告李斯的儿子与陈胜交通。李斯下狱后，仰天而叹曰："嗟乎，悲夫！不道之君，何可为计哉？昔者桀杀关龙逢，纣杀王子比干，吴王夫差杀伍子胥。此三臣者，岂不忠哉？然而不免于死，身死而所忠者非也。今吾智不及三子，而二世之无道过于桀、纣、夫差，吾以忠死，宜矣。"又说："今反者已有天下之半矣，而心尚未寤也，而以赵高为佐，吾必见寇至咸阳，麋鹿游于朝也。"这话也很好，可惜也不该出自李斯之口。因为他平时伙同赵高为乱，为虎作伥，今日摇身一变，又装出

一种旁观者清的样子，甚至居然以关龙逢、比干、伍子胥自
比，这就实在太可鄙可厌了。都下狱了，李斯还在自觉不自
觉地为了沽名钓誉而表演，而装腔作势，借以欺人。

李斯在狱中被赵高反复作弄，百般笞掠，最后具五刑，
被腰斩于咸阳市。斯出狱，顾谓其中子曰："吾欲与若复牵
黄犬俱出上蔡东门逐狡兔，岂可得乎？"遂父子相哭，而夷
三族。李斯最后这几句话，是后悔当初根本不该出来追求名
利富贵呢？还是后悔中间未能急流勇退呢？也许二者兼而有
之。但是这些都是表面的。司马迁写《李斯列传》不是为了
一般地表现那种宦海升沉、祸福不定，他为我们刻画出了一
个有心机、有才干，但却由于极端自私，结果出卖灵魂、依
附逆乱，既葬送了国家，也葬送了自己的一个可鄙可悲的形
象。李斯悲剧的根源在于"私"字当头，在于他的一切都以
保全个人的私利为中心。一个人的生活观念如此，当然就可
以无所不用其极了。李斯对于任何人都是一面镜子，它永远
昭示着沉痛的历史教训与生活教训。

三、《李斯列传》的突出特点

《李斯列传》最突出的特点是刻画人物心理，而刻画心
理又主要是通过人物的语言来完成的。李斯的语言有独白、
对话、文章三大类，三者各有其妙。

　　李斯的独白有四处，当他人仓见鼠时，他感慨地叹息道："人之贤不肖譬如鼠矣，在所自处耳！"当他功成名就、盛极一时时，他喟然而叹道："嗟乎！吾闻之荀卿曰：'物禁大盛。'……当今人臣之位无居臣上者，可谓富贵极矣。物极则衰，吾未知所税驾也。"当李斯为赵高所挟，决定依附逆乱时，他仰天长叹，垂泪太息曰："嗟乎！独遭乱世，既以不能死，安托命哉？"当他为赵高所害，囚于狱中时，他仰天而叹曰："嗟乎，悲夫！不道之君，何可为计哉？……吾必见寇至咸阳，麋鹿游于朝也。"以上四段独白，都是李斯各个时期、各个关键时刻的最有代表性，而又最动心的感情流露。这是作者为刻画人物心理而精心设计的。所叹的内容虽然不同，表现的喜怒哀乐尽管有异，但是共同的一点都是为了自身的得失荣辱而发。孔子曰："鄙夫可与事君也与哉？其未得之也，患不得之；既得之，患失之。苟患失之，无所不至矣。"（《论语·阳货》）作者所刻画的李斯正是孔子所说的这样一种极端的典型。

　　李斯的对话有与荀卿的，有与秦始皇的，有与秦二世的，其中最精彩的是与赵高的对话。赵高利诱、威逼李斯篡改诏书，废嫡立庶一节，两人往复六次，全文将近七百字。赵高稳操胜券、从容自得地一说不成，又进一说，步步紧逼；李斯则色厉内荏，开始尚招架几句，继而彷徨游移，最后完全缴械被制服。作者的笔像一柄神奇的手术刀，把两个人的心理剖解得细密入微。吴见思说："李斯奸雄，赵高亦奸雄也。两奸相对，正如两虎相争，一往一来，一进一退，多少机权，默默相照。"（《史记论文》）此外李斯与赵高、与胡亥的对话也是相当精彩的。赵高为激起胡亥对李斯的憎恶，先是假惺惺地装作与李斯同忧国事，劝李斯入谏胡亥；而后又故意挑一个最不合适的时机，欺骗李斯叫他去碰钉子，讨人嫌；紧接着便揭其短。李斯迫于无奈，只好反唇相讥，上书并当面揭发赵高的罪行。但是胡亥不信，李斯终于被下狱了。这段文字表现赵高的奸诈阴险，自然是入木三分的。同时这段文字在表现李斯自投靠赵高后，名位虽尊，而实权已去，那种处处受玩耍、受愚弄的可怜情景，也是非常突出的。李斯说赵高，胡亥不信；赵高说李斯，一说便准，因为他们与胡亥的亲疏厚薄不同。这段文字的悲剧色彩很浓厚。

《李斯列传》与《司马相如列传》相同，都是《史记》中收文章最多的名篇，《李斯列传》与《司马相如列传》不同的是，其所以收入这些文章乃是为了表现人物的性格，它们都是整篇人物传记中不可缺少的组成部分。以《谏逐客书》而论，这篇文字像是最出于公心的，其实也突出地带有李斯自私好利的特点。《论督责书》最足以表现李斯的卑鄙灵魂，他为了保全自己，为了苟延一己之命，居然心甘情愿饮鸩止渴，倒行逆施，置国家民族、亲朋妻小、公理是非，以及生前死后的名声于不顾。这种由"私"导致的祸国殃民、害人害己，是多么令人不寒而栗啊！

　　《李斯列传》也反映了司马迁爱好文采，凡遇到好文章定不忍割弃的习惯。从这个角度上讲，它和《司马相如列传》是相同的。本篇所收李斯的文章都是很好的，尤其是《谏逐客书》与《论督责书》，历来受到人们的喜爱。李斯的文章保持着战国时期文章的风格，以雄奇恣肆、气势奔放著称。李斯的文章在《李斯列传》中占到了四分之一的篇幅，这就无形中使它和本来也是深受战国文风影响，而又十分重文采、重气势的司马迁的文章融为一体，从而更加增强了《李斯列传》的气势感与抒情性，使之成为《史记》中最精彩的篇章之一。

一代名将的悲惨结局

　　《淮阴侯列传》是《史记》中历史价值既高，文学色彩又浓，而且还具有传记文学典型特征的作品之一。它固然不像《吕后本纪》《田单列传》《荆轲列传》等那样通篇类似小说，也不像《伯夷列传》《屈原列传》《游侠列传》等那样富有抒情性，但它也绝不像《曹参世家》《黥布列传》《彭越列传》等那样粗略地叙述史实而没有多少文采。它是使用了一种文学色彩很强的笔法，按照历史人物一生的几个阶段，有次序、有重点地记载描述了韩信的生平事迹，从而使韩信这个人物的精神气质、聪明才干、历史功过，连同作者的浓厚感情，一起清晰地呈现在读者眼前。

一、司马迁尽全力歌颂了韩信的将才

　　韩信不同于曹参、樊哙这种攻城野战的猛士，也不同于孙膑、甘茂那种凭着一战成名的军事家，韩信是有深谋远略，能够运筹帷幄、决胜于庙堂的大将之才。这突出地表现在他登台拜将时的那篇精彩议论上，初露头角，一鸣惊人。在这段议论中，他分析了刘、项双方的形势，列举了项羽在用人、战略、政策上的种种失误，并明确指出项羽目前貌似强大，其实只是一种假象，是可以打败的。他劝刘邦要反其道而行之，"任天下武勇，何所不诛！以天下城邑封功臣，何所不服！以义兵从思东归之士，何所不散！"接着他又具体分析了三秦的形势，比较了章邯等三人在关中的不得人心和刘邦当初在关中打下的基础，结论说："于诸侯之约，大王当王关中，关中民咸知之。大王失职入汉中，秦民无不恨者。今大王举而东，三秦可传檄而定也。"这是何等的眼光！又是何等的胸襟和气魄！

尤其应该指出的是，韩信在这里分析项羽、刘邦双方形势消长的思路与其使用的语言，和两千年后毛泽东主席在1946年论证"帝国主义和一切反动派都是纸老虎"，指出美帝国主义支持下的蒋介石眼下虽气势汹汹，但它会很快地由强变弱；而人民解放军眼下的力量虽然尚弱，但很快会由弱变强的理论竟前后交相辉映，真让人大开眼界。有了这一段描写，就可以使人们认识到韩信不仅有军事家的才能，而且有政治家的风度。这就把韩信这个历史人物大大地丰富提高了。

韩信的军事才能在当时的确是无与伦比的。他设疑兵，装出欲渡临晋的样子，而实际上从上游的夏阳以木罂缶渡军，奔袭平阳，并一举俘虏了魏豹；又北上破代兵，擒夏说于阏与；而后东出井陉，大破赵兵，斩陈余，擒赵王歇；又袭破齐国的历下军，于潍水上击败楚国的援军二十万，杀其名将龙且；最后统率全部汉军与项羽决战于垓下，粉碎项羽的十万大兵，连项羽本人也被逼得走投无路，自刎乌江。这些战争每一场都十分精彩，但作者只是从中选出了井陉之战和潍水之战进行了正面描写，其他都是一带而过。至于垓下之战则更是完全叙述到《高祖本纪》中去了。作者写井陉之战先写了李左车给陈余进策，陈余不听，而后写道："信乃使万人先行，出，背水陈。赵军望见而大笑。平旦，信建大将之旗鼓，鼓行出井陉口。赵开壁击之，大战良久。于是信、张耳详弃鼓旗，走水上军。水上军开入之，复疾战。赵果空壁争汉鼓旗，逐韩信、张耳。韩信、张耳已入水上军，军皆殊死战，不可败。信所出奇兵二千骑，共候赵空壁逐利，则驰入赵壁，皆拔赵旗，立汉赤帜二千。赵军已不胜，不能得信等，欲还归壁，壁皆汉赤帜，而大惊，以为汉皆已得赵王将矣，兵遂乱，遁走，赵将虽斩之，不能禁也。于是汉兵夹击，大破虏赵军，斩成安君泜水上，禽赵王歇。"这是多么别出心裁、变化莫测的韬略啊！

作品写潍水之战，用笔虽少，其实也是非常精彩的。作者先写了有人给龙且出主意，劝他深沟高垒，拖延时日，使汉军不战自毙。龙且骄傲不听，竟进兵与韩信夹潍水而阵。此后写道："韩信乃夜令人为万余囊，满盛沙，壅水上流，引军半渡，击龙且。详不胜，还走。龙且果喜曰：'固知信怯也。'遂追信渡水。信使人决壅囊，水大至。龙且军大半不得渡。即急击，杀龙且。龙且水东军散走，齐王广亡去。信遂追北至城阳，皆虏楚卒。"这是何等的知己知彼，干净利索！韩信作战，开始往往示人以弱形，让对方作出错误判断，而后集全力击之，致敌人于死命。

像韩信这样的智谋韬略，像韩信这种用兵的神奇，不仅在汉代，就是在我国整个封建社会的军事史上也少有能与其相比的。诚如宋代陈亮所说："信之用兵，古今一人而已。"（《酌古录》）又明代的茅坤说："古今来，太史公，文仙也；李白，诗仙也，屈原，词赋仙也，刘阮，酒仙也；而韩信，兵仙也。然哉！"（《史记钞》）怪不得连当时那位既是元老又是贵戚的名将樊哙，都对韩信佩服敬慕得五体投地，把韩信对他的过访视为无尚光荣，以至于"跪起迎送，言称臣"，受宠若惊地说"大王乃肯临臣"了。司马迁没有亏负韩信这个历史人物，也正是靠着司马迁这支如椽的大笔，使韩信那种卓越的将才得以酣畅淋漓、活灵活现地表现出来。

二、对韩信被诬族灭的悲惨结局无限惋惜和同情

对于韩信的军事天才，人们大体上都没有什么异议，至于作者对韩信被杀一案持什么态度，人们的理解就大不相同了。

韩信是刘邦手下最有本事的人物，刘邦深知自己离开韩信是办不成大事的。但也正因为韩信的本事最大，所以他才成了最受刘邦猜疑，最让刘邦放心不下的人物。我们看刘邦一贯是怎样对待韩信的吧：当韩信虏魏豹、擒夏说，灭魏破代后，"汉辄使人收其精兵，诣荥阳以距楚"；当韩信斩陈余，收臧荼，平定赵、燕后，刘邦乃"自称汉使，驰入赵壁。张耳、韩信未起，即其卧内上夺其印符，以麾召诸将，易置之"；"汉王夺两人军，即令张耳备守赵地，拜韩信为相国，收赵兵未发者击齐"；当韩信杀龙且、虏田广，平定齐地后，刘邦又"征其兵击楚"；当韩信指挥全军大破项羽于垓下，战事刚刚结束，刘邦又"驰入齐王壁，夺其军"（《高祖本纪》），而且把韩信的封地也由齐换到了楚。司马迁写这些绝不是漫无目的的，读者不应该放过。

当韩信破赵定齐后，兵威大振，他占据着魏、代、燕、赵、齐、鲁大片地区，其势力已遥遥直出于项羽、刘邦之上。这时，项羽派说客武涉来劝诱韩信背离刘邦，劝他"与楚联合，

参分天下王之"。韩信不听，他自己忘不了刘邦的知遇之恩，他发誓"虽死不易"。接着齐国的辩士蒯通又劝说韩信"参分天下，鼎足而居"，他为韩信分析了他们君臣之间的矛盾，他引证范蠡、文种的先例指出了韩信日后的危险，确确凿凿，不得不使人感到触目惊心。但是韩信始终不忘刘邦，他说："乘人之车者载人之患，衣人之衣者怀人之忧，食人之食者死人之事，吾岂可以乡利倍义乎？"武涉、蒯通的两段劝说共一千三百余言，占整篇《淮阴侯列传》的四分之一，使不少读者都感到比例太失调了。班固写《汉书》时，就把蒯通这段长文字提出来另立了一个《蒯通传》。这样做当然也可以，但是司马迁为什么要这样安排呢？清代赵翼说："全载蒯通语，正以见淮阴之心乎为汉，虽以通之说喻百端，终确然不变，而他日之诬以反而族之者之冤痛，不可言也。"（《陔余丛考》卷五）这样的分析是非常精确的。

　　韩信的被杀，与萧何、尤其是陈平有很大关系，因此我们也需要注意一下作者是怎样写这几个人的。在《淮阴侯列传》中，韩信平齐后，派人来向刘邦请求为假齐王。刘邦发书大怒，骂曰："吾困于此，旦暮望若来佐我，乃欲自立为王！"张良、陈平蹑汉王足，因附耳语曰："汉方不利，宁能禁信之王乎？不如因而立，善遇之，使自为守。不然，变生。"刘邦亦恍然大悟，于是遣张良往立韩信为齐王。在这里，韩信的确表现了他的私心，但是作为刘邦的谋士们应该这样说话吗？这样一来不是明显地加深了刘邦对韩信的猜忌与敌视吗？至韩信为楚王，有人上书告韩信谋反时，这本来是无中生有的事，作为刘邦的谋士，本应该协助刘邦处理好这种君臣间的猜疑。而陈平不然，他怂恿刘邦假说巡游云梦，乘韩信中途迎谒之机袭捕了他。但由于实在难以服众，结果又"赦信罪，以为淮阴侯"。吕氏之杀韩信，萧何是亲自参与谋划，并把韩信骗入罗网的。张良为了远身避祸，这时正高唱什么"愿弃人间事，欲从赤松子游"。这些人的品行难道不使人感到心寒吗？这样比较参照，就能更好地看清司马迁对韩信的情感态度了。

作者写韩信被杀时的情景也是很耐人寻味的。当韩信被萧何骗入长乐宫，陷入吕后的埋伏时，韩信说："吾悔不用蒯通之计，乃为儿女子所诈，岂非天哉？"临死才后悔当初不反，说明他当初的确没有想反。等到刘邦从平定陈豨的军前回来时，韩信已死，刘邦这时的心情是"且喜且怜之"。"喜"什么呢？长期以来压在心上的石头终于搬掉了。"怜"什么呢？这样的大才，以这样的罪名被杀，实在太说不过去了。

经过这一系列地苦心经营，作者仍恐读者看不明白，又特意把蒯通与刘邦的一段对话放在了《淮阴侯列传》的最后，作为整个故事的尾声。当刘邦问蒯通："若教淮阴侯反乎？"蒯通曰："然，臣固教之。竖子不用臣之策，故令自夷于此；如彼竖子用臣之计，陛下安得而夷之乎？"清代李景星说：

"曰'不用'，曰'自夷'，则淮阴之心迹明矣。凡此，皆所谓特笔也。"（《四史评议》）《淮阴侯列传》是一篇记述当代史实的作品，司马迁要想对韩信被杀表达自己的看法，就不得不用多种特笔，这是我们读者应该注意体会的。

三、如实地写出了韩信的取死教训

韩信被诬为谋反而遭灭族，这是个大冤案，作者对此事是极为愤慨、对韩信是极为惋惜同情的。但是作者对韩信也并不是没有批评，并不是没有写出韩信的取死之道。抛开前面说过的"勇略震主者身危，功盖天下者不赏"，以及"狡兔死，良狗亨，高鸟尽，良弓藏"这种封建社会的历史规律不谈，我觉得单凭韩信那种政治理想的落后和他那种令人难以容忍的恃才傲物，就足以使他不会有好下场。关于前者，韩信在登坛拜将时，就劝刘邦"任天下武勇，何所不诛！以天下城邑封功臣，何所不服！"当他平定赵国后，"乃遣使报汉，因请立张耳为赵王，以镇抚其国"，这分明是为他下一步的打算作埋伏。至平定齐国后，他迫不及待地先称了齐王，而后才派人向刘邦请求加冕。而当刘邦撕毁鸿沟之约，号令各路军队乘势进击项羽时，韩信、彭越等又故意不来，从而使刘邦又一次被项羽打得惨败。这是他们在楚汉最后决战前公开对刘邦进行的一种讨价还价。这些地方都表现了韩信那种裂土分封、为侯为王的强烈欲望。在战争年代，刘邦为了取得各军将领的拥戴，不得不暂时让步，封他们为王。但随着自己势力的增强与地位的巩固，刘邦就必然要着手逐步消灭他们。韩信从主观动机上讲，也许真没有想过要背叛、推翻刘邦，但是他这种追求割土称王的思想，事实上一定会成为刘邦建立统一的中央集权国家的障碍。因此，韩信被消灭是不可避免的。

再加上韩信的恃才傲物，目中无人，他不仅瞧不起汉代开国的其他将领，而且连刘邦也不放在眼中。当他被罢黜为淮阴侯后，他"羞与绛、灌等列"。樊哙对他跪起迎送，口自称臣，他竟然不屑一顾地说："生乃与哙等为伍！"当刘邦与他谈论起诸将统兵的能力时，他随口排抑他人。当刘邦问他："如我能将几何？"他说："陛下不过能将十万。"刘邦问他："于君何如？"他说："臣多多而益善耳！"莫说是面对皇帝，即使是和同僚，这种态度能叫人容忍吗？司马迁在最后的论赞中说："假令韩信学道谦让，不伐己功，不矜其能，则庶几哉！"这话一方面是责备，同时又在批评之中带着更深沉的惋惜与同情。"学道谦让，不伐己功"，对于一些平庸的功臣来说是可以消灾避祸的；但对于像韩信这种才干、这种功勋的人来说，即使"学道谦让，不伐己功"，我想情况大概也好不了多少。

司马迁歌颂游侠与批判世态

《游侠列传》是司马迁表现自己的理想道德，对汉代统治者及其上流社会进行无情揭露、激烈批判的一篇战斗性很强的文字。《游侠列传》究竟该怎样理解，司马迁为什么要歌颂朱家、郭解等游侠呢？本文想谈几点看法：

一、歌颂游侠的急人之难、舍己为人，批判汉朝上流社会的世态炎凉、卑鄙自私

《游侠列传》一开头在它的序言中就说："今游侠，其行虽不轨于正义，然其言必信，其行必果，已诺必诚，不爱其躯，赴士之厄困。既已存亡死生矣，而不矜其能，羞伐其德，盖亦有足多者焉。"又说："布衣之徒，设取予然诺，千里诵义，为死不顾世，此亦有所长，非苟而已也。故士穷窘而得委命，此岂非人之所谓贤豪间者邪？"这里已经很清

楚地说明了这些游侠的"言必信，行必果，已诺必诚，不爱其躯，赴士之厄困"以及他们的"为死不顾世"，这是司马迁最为倾心的地方，也是司马迁所以要为他们立传的主要宗旨。按照这个宗旨，司马迁在朱家传中着重写了他的"所藏活豪士以百数，其余庸人不可胜言"，称赞了他的"专趋人之急，甚己之私。既阴脱季布将军之厄，及布尊贵，终身不见也"。在郭解传中称道了他的"借交报仇"和他的"既已振人之命，不矜其功"。司马迁为什么要称颂这些呢？因为现实政治太黑暗，社会上不公平的事情太多了。忠奸不分、是非莫辨，坏人当道、好人受欺，一切法律科条都不是保护好人，而是专门助长坏人的。在这个上诉无门的世道中，除了游侠能给那些受打击、受迫害的人们一点帮助，此外还能叫他们指望谁呢？而这种祸从天降的倒霉事是任何人都可能碰得到的，正如作品所说："且缓急，人之所时有也。大史公曰：昔者虞舜窘于井廪，伊尹负于鼎俎，傅说匿于傅险，吕尚困于棘津，夷吾桎梏，百里饭牛，仲尼畏匡，菜色陈、蔡。此皆学士所谓有道仁人也，犹然遭此菑，况以中材而涉乱世之末流乎？其遇害何可胜道哉？"远的不说，近来尊显一时的魏其侯，无端地被田蚡之流杀害了；忠勇盖世的李广，活活被卫青之流逼死了；李广的儿子李敢已官至郎中令，居然在光天化日、众目睽睽之下被霍去病射死了。在这个世界上，有任何一个人为他们主持过一点公道吗？回头看看汉代朝廷上都是些什么样的人吧：《魏其武安侯列传》写群臣廷论魏其、武安曲直的情景时，御史大夫韩安国说："魏其言是也，丞相言亦是，唯明主裁之。"老滑头，模棱两可。其他人是"主爵都尉汲黯是魏其，内史郑当时是魏其，后不敢坚对；余皆莫敢对"。《报任少卿书》写群臣对待李陵败军的态度是："陵未没时，使有来报，汉公卿王侯，皆奉觞上寿。后数日，陵败书闻。主上为之食不甘味，听朝不怡，大臣忧惧，不知所出。"尤其可恨的是那群"全躯保妻子之臣"，竟见风使舵、落井下石，因为过去的一点"睚眦"之怨，这时就趁机"媒蘖其短"了。这些人难道还有心肝吗？再看看那群像苍蝇一样寄食于权贵门下的宾客们的嘴脸吧：《平津侯主父列传》说："主父方贵幸时，宾客以千数；及其族死，无一人收者。"《魏其武安侯列传》写窦婴贵幸时，"诸游士宾客争归魏其侯"；而田蚡得宠时，"天下吏士趋势利者，皆去魏其归武安"。

　　这是多么令人感慨的事实啊！司马迁歌颂游侠，正是和批判汉代官场，批判汉代上流社会互为表里的。

二、歌颂游侠的"捍文罔"，有批判汉武帝专制统治及其严刑酷法的意义

　　韩非在其《五蠹》中是把游侠当作一种蠹虫来加以否定，

并主张坚决取缔的。他说游侠是"以武犯禁"，也就是不遵王法、不守国家秩序。对于这些问题，我们不能简单判定，而是必须把它放到当时的历史环境中去分析检验。

汉武帝是我国古代一位有作为的皇帝，对于他的历史功绩，我们是要充分肯定的。但由于当时的专制制度以及某些具体的政策措施不当所造成的社会问题也是相当严重的。例如，为了供应连年不断的战争，而实行了一系列旨在搜刮民财的盐铁官营、均输平准等等。又由于经济凋敝、民不聊生、治安不稳，而实行了对全国官民残暴镇压的酷吏政治，这在当时都是严重问题。大司农颜异是以"腹诽"的罪名被杀害的，这样的"罪名"连秦朝也未曾有过。不仅如此，甚至连丞相、太尉、御史大夫这种国家的"三公"也朝不保夕。宋代胡寅说："宰相，人臣所愿为者，而武帝多杀，至使人不敢以辅弼为荣。"这在历史上也是很少见的现象。而且这种杀戮，又多是出自汉武帝的个人意志，那些酷吏们是专门看着汉武帝的脸色行事的。张汤之所以飞黄腾达，就是因为善于迎合汉武帝的心理。《酷吏列传》说："所治即（若）上意所欲罪，予监史深祸者；即（若）上意所欲释，与监史轻平者。"对于这样的残暴统治，对于这样的法律科条，该不该反它呢？司马迁歌颂游侠，说这些游侠"虽时捍当世之文罔，然其私义廉洁退让，有足称者"。这话对不对呢？我们觉得完全正确。因为在当时也只有他们敢作敢为，能替那些善良、软弱但又受打击、受迫害的人们出一口气了。

三、批判了公孙弘等舞文弄法杀害游侠的罪行，有揭露儒者的伪善、抨击汉武帝独尊儒术政策的意义

司马迁对汉代的儒生很是不满，这些人大都是毫无原则、毫无廉耻，只知争名图利、一心向上爬的家伙。本文一开头所说的"至如以术取宰相卿大夫，辅翼其世主，功名俱著于春秋"云云，指的就是公孙弘之流。公孙弘的为人，《平津侯主父列传》说他："习文法吏事，而又缘饰以儒术。"这不正是汉武帝政治的一种形象的表现吗？这样一个人与汉武帝合作，真可谓相得益彰。《游侠列传》就详细地写了他们互相配合杀害郭解的过程："及徙豪富茂陵也，解家贫，不中訾，吏恐，不敢不徙。卫将军为言：'郭解家贫不中徙。'上曰：'布衣权至使将军为言，此其家不贫。'解家遂徙。"杨季主的儿子按照汉武帝的脸色，将明明不够条件的郭解硬是列入了勒令搬迁的名单；卫青替他说情，结果弄巧成拙，反而更加深了汉武帝对郭解的忌恨。

当郭解被强迫搬进关中后，又有人给郭解帮倒忙，杀死了杨季主，凶手逃走，而郭解被捕了，但是郭解这次是完全无罪的。当朝廷派人到郭解的故乡调查此事时，"轵有儒生侍使者坐，客誉郭解，生曰：'郭解专以奸犯公法，何谓贤？'

解客闻，杀此生，断其舌"。又是一个儒生！"儒者，柔也。"这些人是专门柔于官府、讨好官府，而与侠者为难的。这惹怒了郭解的宾客，又杀了这个儒生，结果使郭解的问题更复杂化了。"吏以此责解，解实不知杀者。杀者亦竟绝，莫知为谁。吏奏解无罪。御史大夫公孙弘议曰：'解布衣为任侠行权，以睚眦杀人，解虽弗知，此罪甚于解杀之。当大逆无道。'遂族郭解翁伯。"这就是公孙弘的为人和公孙弘的杀人手段。郭解是名人，强迫郭解搬迁是经过汉武帝钦定的；而郭解被族灭，汉武帝当然不会不知道。公孙弘是被汉武帝尊起来的儒生的最高代表，而这些儒生就是这样来为汉武帝的统治服务的。

四、以浓厚的抒情与对比来表达强烈的爱憎

这篇作品在表现手法上的主要特点是：

其一，巧妙而突出地运用了对比衬托。作品用"韩子曰：'儒以文乱法，而侠以武犯禁'"开头，一下子就把侠与儒同时提出来了。接着，他叙述了自先秦以来侠者与儒者各自的行为表现、社会功效，以及他们所得到的社会评价、社会地位。他对那种有些本来很坏（如公孙弘），有些虽然不坏、但也绝无用处可言（如季次、原宪）的儒者历来受到称颂，甚至享受高官厚禄；而侠者济人之危、奋不顾身，反而一贯

受打击、受污蔑的社会不公，提出了愤怒的斥责。对于儒生受统治者尊用，有地位、有权势，从而可以操纵社会舆论的现实，表示了极大的愤慨。在这里，他又进一步把儒分成两种：一种是"读书怀独行君子之德，义不苟合当世"，"终身空室蓬户"的闾巷之儒；一种是"以术取宰相卿大夫，辅翼其世主，功名俱著于春秋"的朝廷之儒。二者对比映衬，更突出地表现了他对公孙弘等朝廷之儒的嘲弄与蔑视。对于侠者，他也把他们分为身系"王者亲属，藉于有土卿相之富厚，招天下贤者，显名诸侯"的贵族之侠，和全靠自己"修行砥名，声施于天下"，"然儒、墨皆排摈不载"的布衣之侠。他认为前者"比如顺风而呼，声非加疾，其势激也"；而后者则完全是靠着自己的品德和自己的社会实践，一铢一两地积累起来的。两两相较，更突出了朝廷之儒的可鄙与布衣之侠的可钦可敬。而"郭解传"则是具体地表现了朝廷之儒与布衣之侠的矛盾，揭露了一个朝廷之儒倾害布衣之侠的残酷事实，从而一箭双雕地使作品主题得到了充分的表现。

其二，字里行间表现着作者的强烈爱憎，整篇文章具有浓厚的抒情性。

这篇作品的篇幅并不长，全文总共约两千字，而它的序论就占了三分之一。在这段序论中，作者辞情抑扬，反复地悠游唱叹，曲折而又淋漓尽致地表现出了自己的强烈爱憎。他在这里有正说，有反说，有似正而实反之说，有似反而实正之说。例如，他称道游侠"其行虽不轨于正义，然其言必信，其行必果，已诺必诚，不爱其躯，赴士之厄困。既已存亡死生矣，而不矜其能，羞伐其德，盖亦有足多者焉"。以及他称颂布衣之侠的"设取予然诺，千里诵义，为死不顾世，此亦有所长，非苟而已也。故士穷窘而得委命，此岂非人之所谓贤豪间者邪？"这是满怀热情、倾心赞美的，是正说。而"以术取宰相卿大夫，辅翼其世主，功名俱著于春秋，固无可言者"一段，语气明显包含嘲讽、不屑一顾的意味，这是反说。对于季次、原宪，他说他们"读书怀独行君子之德，义不苟合当世，当世亦笑之，故季次、原宪终身空室蓬户，褐衣疏食不厌。死而已四百余年，而弟子志之不倦"。又说："诚使乡曲之侠，予季次、原宪比权量力，效功于当世，不同日而论矣。"肯定了他们比那些无耻的谄媚求宠之儒要好，像是真心肯定，其实不然，因为这些人实际上对于社会是丝毫无所补益的。这是似正而实反。对于朱家、郭解等，他说他们"虽时捍当世之文罔，然其私义廉洁退让，有足称者。名不虚立，士不虚附"。中间加一转折，像是只肯定他们的廉洁退让，而批评了他们的"捍当世之文罔"。其实不然，他之所以歌颂游侠，正在于他们有这种别人没有的反抗性。这是似反而实正。而且这段文字使用了一连串的感叹词、疑问词、反问词，循环反复、余音不绝。这篇文章的序论与《伯夷列传》异曲同工；而其"太史公曰"中的"吾视郭解，状貌不及中人，言语不足采者。然天下无贤与不肖，知与不知，皆慕其声，言侠者皆引以为名。谚曰：'人貌荣名，岂有既乎？'于戏，惜哉！"又与《李将军列传》的格局、语气相同，其中流露着作者对郭解等人的无限敬意和对汉代统治者的愤怒之情。

汉代自文帝、景帝以来，不断地打击、杀害游侠，到武帝时期，随着专制主义的发展，对游侠更是采取了彻底取缔、彻底消灭的方针。生活在这个时代的司马迁，居然敢逆着潮流、敢冒天下之大不韪来歌颂游侠，为郭解等人立传，这种勇气，在两千年的封建社会中还有哪个人能与之相比呢？